D0524508

Contacting the Editors
Every effort has been made to provide accurate information in this publication, but changes are inevitable. The publisher cannot be responsible for any resulting loss, inconvenience or injury. We would appreciate it if readers would call our attention to any errors or outdated information by contacting Berlitz Publishing, 193 Morris Avenue, Springfield, NJ 07081, USA. Fax: 1-908-206-1103
e-mail: comments@berlitzbooks.com

Contents

Acknowledgements
We are particularly grateful to Mr Ilkka Lavonius for his help
in the preparation of this book, and to Dr T J A Bennet and Mrs
Rayne Bensky who devised the phonetic transcription.

Guide to pronunciation

This chapter is intended to make you familiar with the phonetic transcription we have devised and to help you get used to the sounds of Finnish.

An outline of the spelling and sounds of Finnish

The writing system in Finnish is systematic: each letter corresponds to one and the same phoneme (basic sound) and each phoneme corresponds to one and the same letter. The number of phonemes is smaller than in most European languages. Letters like **b, c, f, q, w** and **z** are only found in words recently borrowed from foreign languages.

You'll find the pronunciation of the Finnish letters and sounds explained below, as well as the symbols we're using for them in the transcriptions. The imitated pronunciation should be read as if it were English except for any special rules set out below. Of course, the sounds of any two languages are never exactly the same; but if you follow carefully the indications supplied here, you'll have no difficulty in reading our transcriptions in such a way as to make yourself understood.

Letters written in bold type should be stressed.

Consonants

Letter	Approximate pronunciation	Symbol	Example	
k, m, n **p, t, v**	as in English			
d	as in rea**d**y, but sometimes very weak	d	**taide**	tah'day
g	in words of Finnish origin, only found after **n**; **ng** is pronounced as in si**ng**er	ng	**sangen**	**sah**ngayn
h	as in **h**ot, whatever its position in the word	h	**lahti**	**lah**hti
j	like **y** in **y**ou	y	**ja**	yah

l	as in let	l	**talo**	**tah**loa
r	always rolled	r	**raha**	**rah**hah
s	always as in set (never as in present)	s/ss*	**sillä**	**sil**læ
			kiitos	**kee**toass

*To make doubly sure that the Finnish **s** receives its correct pronunciation as **s** in English **set**, and not as a **z** sound in present, we often use **ss** in our phonetic transcriptions. Similarly, we sometimes employ a double consonant after **i** to ensure this is pronounced like **i** in **pin**, and not like **i** in kite. In these cases you can quickly check with the Finnish spelling whether you should pronounce a single or a double consonant.

Vowels

a	like **a** in car; short or long	ah	**matala**	**mah**tahlah
		aa	**iltaa**	**il**taa
e	like **a** in late; but a pure vowel, not a dipthong; short or long	ay	**kolme**	**koal**may
		a̅y̅	**teevati**	**ta̅y̅**vati
i	like **i** in pin (short) or **ee** in see (long);	i	**takki**	**tah**kki
		ee	**siitä**	**see**tæ
	ir + consonant like **i** in pin (short)	eer	**kirkko**	**keer**koa
o	a sound between **aw** in law and **oa** in coat; short or long	oa	**olla**	**oal**lah
		o̅a̅	**kookas**	**ko̅a̅**kahss
u	like **oo** in pool; short or long	oo	**hupsu**	**hoop**soo
		o̅o̅	**uuni**	**o̅o̅**ni
y	like **u** in French **sur** or **ü** in German **über**; say **ee** as in see, and round your lips while still trying to pronounce **ee**; it can be short or long	ew	**yksi**	**ew**ksi
		e̅w̅	**syy**	**se̅w̅**

ä	like **a** in h**a**t; short or long	æ	**äkkiä**	**æk**kiæ
		ǣ	**hyvää**	**hew**vǣ
ö	like **ur** in f**ur**, but without any **r** sound, and with the lips rounded; short or long	ur	**tyttö**	**tewt**tur
		ūr	**likööri**	**lik**kūrri

N.B. The letters **b, c, f, q, s, sh, w, x, z, ž** and **å** are only found in words from foreign languages, and they are pronounced as in the language of origin.

Diphthongs

In Finnish, diphthongs occur only in the first syllable of a word, except those ending in **-i**, where they can occur anywhere. They should be pronounced as a combination of the two vowel sounds represented by the spelling. The list below shows you how the Finnish diphthongs are written in our imitated pronunciation.

The first vowel is pronounced louder in the following diphthongs:

ai = ah^i **iu** = i^{oo} **äi** = æ^i
au = ah^{oo} **oi** = oa^i **äy** = æ^{ew}
ei = ay^i **ou** = oa^{oo} **öi** = ur^i
eu = ay^{oo} **ui** = oo^i **öy** = ur^{ew}
ey = ay^{ew} **yi** = ew^i

The second vowel is louder in:

ie = ^{i}ay   **uo** = ^{oo}oa   **yö** = ^{ew}ur

Double letters

Remember that in Finnish *every* letter is pronounced, therefore a letter written double is pronounced long. Thus, the **kk** in kukka should be pronounced like the two **k** sounds in the words thi**ck** **c**oat. Similarly the **aa** in kaatua should be pronouced long (like **a** in English c**a**r). These distinctions are important, not least because kuka has a different meaning to kukka and katua a different meaning to kaatua.

Compound words

Finnish uses a great number of compound words. We have indicated the separate parts as in the examples below:

rauta|tie means 'railway', the compound being made up of *rauta* (iron) and *tie* (road); similarly: *maito|suklaa* (milk chocolate), *yli|opisto* (university).

This splitting of compound words has been done to help you with pronunciation. It will also provide you with an aid to stress, one of the distinctive features of Finnish.

Stress

A strong stress always falls on the first syllable of a word. In compound words, the first syllable of each part of the word receives a stress.

Pronunciation of the Finnish alphabet					
A	aa	**K**	kōa	**U**	ōō
B	bāy	**L**	æl	**V**	vāy
C	sāy	**M**	æm	**W**	**kak**sois-vāy
D	dāy	**N**	æn	**X**	æks
E	āy	**O**	ōa	**Y**	ēw
F	æf	**P**	pāy	**Z**	tsayt
G	gāy	**Q**	kōō	**Å**	**ruot**salainen ōa
H	hōa	**R**	ær	**Ä**	æ
I	ee	**S**	æs	**Ö**	ūr
J	yee	**T**	tāy		

Some basic expressions

Yes.	**Kyllä/Joo.**	kewllæ/yoo
No.	**Ei.**	ayᶦ
Please.	**Olkaa hyvä.**	oalkaa hewvæ
Thank you.	**Kiitos.**	keetoass
Thank you very much.	**Kiitos paljon.**	keetoass pahlyoan
That's all right/You're welcome.	**Ei kestä.**	ayᶦ kaystæ

Greetings *Tervehdyksiä*

Good morning.	**(Hyvää) huomenta.**	(hewvææ) hᵒoamayntah
Good afternoon.	**(Hyvää) päivää.**	(hewvææ) pæᶦvææ
Good evening.	**(Hyvää) iltaa.**	(hewvææ) iltaa
Good night.	**Hyvää yötä.**	hewvææ ᵉᵘurtæ
Goodbye/Bye-bye.	**Näkemiin/Hei hei.**	nækaymeen/hayᶦ hayᶦ
See you later.	**Näkemiin/Hei sitten.**	nækaymeen/ hayᶦ sittayn
Hello/Hi!	**Hei/Terve!**	hayᶦ/tayrvay
This is Mr/Mrs/Miss …	**Tässä on herra/rouva/neiti …**	tæssæ oan hayrrah/roaᵐᵛah/nayᶦti
How do you do? (Pleased to meet you.)	**Hyvää päivää. (Hauska tutustua.)**	hewvæ pæᶦvææ (hahᵒᵒskah tootoostᵒᵒa)
How are you?	**Mitä kuuluu?**	mittæ kooloo
Very well, thanks. And you?	**Kiitos, hyvää. Entä teille/sinulle?***	keetoass hewvæ ayntæ tayᶦllay/sinnoollay
How's life?	**Miten menee?**	mittayn maynay

* Many of the expressions in this book vary depending on whether they are used formally or informally. These are shown with the formal expression first followed by the informal.

Fine, thanks.	**Kiitos, hyvin.**	keetoass hewvin
I beg your pardon?	**Anteeksi?**	ahntāyksi
Excuse me. (May I get past?)	**Anteeksi. (Pääsenkö ohi?)**	ahntāyksi (pāēsaynkur oahhi)
Sorry!	**Anteeksi!**	ahntāyksi

Questions *Kysymyksiä*

Where?	**Missä?**	missæ
How?	**Kuinka?**	koo'nkah
When?	**Milloin?**	milloa'n
What?	**Mitä?**	mittæ
Why?	**Miksi?**	miksi
Who?	**Kuka?**	kookah
Which? (of these/of two)	**Mikä?/Kumpi?**	mikkæ/**koom**pi
Where is...?	**Missä on...?**	missæ oan
Where are...?	**Missä ovat...?**	missæ oavaht
Where can I find/get...?	**Mistä löydän...?**	mistæ lur^{ew}dæn
How far?	**Kuinka kaukana?**	koo'nkah kah^{oo}kanah
How long (time)?	**Kuinka kauan?**	koo'nkah kah^{oo}ahn
How much/How many?	**Kuinka paljon/ Kuinka monta?**	koo'nkah **pahl**yoan/ koo'nkah **moan**tah
How much does this cost?	**Paljonko tämä maksaa?**	**pahl**yoankoa tæmæ mahksaa
When does... open/close?	**Milloin... aukeaa/ suljetaan?**	milloa'n... ah^{oo}kayaa/ **sool**yaytaan
What do you call this/that in Finnish?	**Mitä tämä/tuo on suomeksi?**	mittæ tæmæ/t^{oo}oa oan s^{oo}oamayksi
What does this/that mean?	**Mitä tämä/tuo tarkoittaa?**	mittæ tæmæ/t^{oo}oa tahrkoa'ttaa

Do you speak...? *Puhutteko...?*

Do you speak English?	**Puhutteko englantia?**	poohoottaykoa aynglahntiah
Does anyone here speak English?	**Puhuuko kukaan täällä englantia?**	poohōōkoa kookaan tællæ aynglahntiah
I don't speak (much) Finnish.	**En puhu (paljon) suomea.**	ayn poohoo (**pahl**yoan) s^{oo}oamayah

Could you speak more slowly?	**Voisitteko puhua hitaammin?**	voa'sittaykoa **poo**hooah **hitt**aammin
Could you repeat that?	**Voisitteko toistaa sen?**	voa'sittaykoa **toa**'staa sayn
Could you spell it?	**Voisitteko tavata sen?**	voa'sittaykoa **tah**vahtah sayn
How do you pronounce this?	**Kuinka äännätte tämän?**	koo'nkah **æn**nættay sayn
Could you write it down, please?	**Voisitteko kirjoittaa sen?**	voa'sittaykoa **keer**yoa'ttaa sayn
Can you translate this for me?	**Voitteko kääntää tämän minulle?**	voa'ttaykoa **kæn**tǣ tæmæn minnoollay
Can you translate this for us?	**Voitteko kääntää tämän meille?**	voa'ttaykoa **kæn**tǣ tæmæn may'lløy
Could you point to the... in the book, please?	**Voisitteko osoittaa... kirjassa.**	voa'sittaykoa oasoa'ttaa... keeryahssah
word	**sanaa**	**sah**naa
phrase	**sanontaa**	**sah**noantaa
sentence	**lausetta**	lah°°sayttah
Just a moment.	**Hetkinen.**	**hayt**kinayn
I'll see if I can find it in this book.	**Katson, voinko löytää sen tästä kirjasta.**	**kaht**soan voa'nkoa **lur**ew tǣ sayn tæstæ **keer**yastah
I understand.	**Ymmärrän.**	**ewm**mærræn
I don't understand.	**En ymmärrä.**	ayn **ewm**mærræ
Do you understand?	**Ymmärrättekö?**	**ewm**mærrættaykur

Can/May...? *Voiko/Saako...?*

Can I have...?	**Saanko...?**	**saahn**koa
Can we have...?	**Saammeko...?**	**saahm**maykoa
Can you show me...?	**Voitteko näyttää minulle...?**	voa'ttaykoa næ^{ew}ttǣ minnoollay
I can't.	**En voi.**	ay'n voa'
Can you tell me...?	**Voitteko sanoa minulle...?**	voa'ttaykoa **sah**noah minnoollay

Can you help me?	**Voitteko auttaa minua?**	**voa**ttaykoa ah°°ttaa minnooah
Can I help you?	**Voinko auttaa teitä?**	**voa**ankoa ah°°ttaa tay**t**æ
Can you direct me to...?	**Voitteko opastaa minut...-n luo?**	**voa**ttaykoa oapahstaa minnoot...-n l°°oa

Do you want...? *Haluatteko...?*

I'd like...	**Haluaisin...**	hahlooah**s**in
We'd like...	**Haluaisimme...**	hahlooah**s**immay
What do you want?	**Mitä teille saisi olla?**	mittæ **tay**llay **sah**si oallah
Could you give me...?	**Antaisitteko minulle...?**	ahntah**s**ittaykoa minnoollay
Could you bring me...?	**Toisitteko minulle...?**	toa**s**ittaykoa minnoollay
Could you show me...?	**Näyttäisittekö minulle...?**	næ**ew**ttæ**s**ittaykur minnoollay
I'm looking for...	**Haen...**	hahayn
I'm searching for...	**Etsin...**	aytsin
I'm hungry.	**Olen nälkäinen.**	oalayn **nælkæ**nayn
I'm thirsty.	**Olen janoinen.**	oalayn jahnoa**nayn
I'm tired.	**Olen väsynyt.**	oalayn **væ**sewnewt
I'm lost.	**Olen eksynyt.**	oalayn **ayk**sewnewt
It's important.	**Se on tärkeä.**	say oan **tærkayæ**
It's urgent.	**Sillä on kiire.**	sillæ oan **kee**ray

It is/There is... *Se on/On...*

It is...	**Se on...**	say oan
Is it...?	**Onko se...?**	oankoa say
It isn't...	**Se ei ole...**	say ay **oa**lay
Here it is.	**Tässä se on.**	**tæ**ssæ say oan
Here they are.	**Tässä ne ovat.**	**tæ**ssæ nay **oa**vaht
There it is.	**Tuolla se on.**	too°°llah say oan

There they are.	**Tuolla ne ovat.**	too°ªllah nay oavaht
There is/There are ...	**On ...**	oan
Is there/Are there ...?	**Onko ...?**	oankoa
There isn't/aren't ...	**Ei ole ...**	ayⁱ oalay
There isn't/aren't any.	**Ei ole yhtään.**	ayⁱ oalay ewhtǣn

It's ... *Se on ...*

beautiful/ugly	**kaunis/ruma**	kah°°nis/**roo**mah
better/worse	**parempi/huonompi**	pahraympi/h°°oanoampi
big/small	**suuri/pieni**	soori/pⁱayni
cheap/expensive	**halpa/kallis**	hahlpah/**kah**liss
early/late	**aikainen/myöhäinen**	ahⁱkaⁱnayn/mᵉʷurhäⁱnayn
easy/difficult	**helppo/vaikea**	haylppoa/**vah**ⁱkayah
free (vacant)/occupied	**vapaa/varattu**	vahpaa/**vah**rahttoo
full/empty	**täysi/tyhjä**	tæᵉʷsi/**tewh**yæ
good/bad	**hyvä/huono**	hewvæ/h°°oanoa
heavy/light	**raskas/kevyt**	rahskahs/**kay**vewt
here/there	**täällä/tuolla**	tǣllæ/t°°oallah
hot/cold	**kuuma/kylmä**	koomah/**kewl**mæ
near/far	**lähellä/kaukana**	læhayllæ/**kah**°°kahnah
next/last	**seuraava/viimeinen**	say°°raavah/**vee**mayⁱnayn
old/new	**vanha/uusi**	vahnnah/**oo**ssi
old/young	**vanha/nuori**	vahnnah/n°°oari
open/shut	**avoin/suljettu**	ahvoaⁱn/**sool**yayttoo
quick/slow	**nopea/hidas**	noapayah/**hid**dahss
right/wrong	**oikea/väärä**	oaⁱkaya/**vǣ**ræ

Quantities *Määriä*

a little/a lot	**vähän/paljon**	væhæn/**pahl**yoan
few/a few	**harvat/muutamat**	hahrvaht/**moo**tahmaht
much	**paljon**	pahlyoan
many	**monta**	moantah
more(than)/less(than)	**enemmän (kuin)/vähemmän (kuin)**	aynaymmæn (kooⁱn)/væhaymmæn (kooⁱn)
enough/too	**tarpeeksi/liiaksi**	tahrpäyksi/**leeah**ksi
some/(not) any	**hieman/ei yhtään**	hiᵉʸmahn/ayⁱ ewhtǣn

A few more useful words *Muutama hyödyllinen sana lisää*

above	**-n yllä/yli**	-n **ewll**æ/**ewl**i
after (time)	**-n jälkeen**	-n j**æ**lk**ay**n
and	**ja**	yah
at	**-n kohdalla**	-n **koah**dahllah
before (time)	**ennen -a**	**ayn**nayn -a
behind	**-n takana/taakse**	-n **tah**kahnah/**taak**say
below	**-n alla/alle**	-n **ahl**lah/**ahl**lay
between	**-n välissä/välillä**	-n v**æ**liss**æ**/v**æ**lill**æ**
but	**mutta**	**moot**tah
down	**alas/alhaalla**	**ahl**ahs/**ahl**haallah
downstairs	**alakerrassa**	**ahl**ahkayrrassah
during	**aikana**	ah'kahnah
for	**-n suuntaan/-n sijaan**	-n **soon**taan/-n **si**yyaan
from	**-n suunnasta**	-n **soon**nahstah
in	**-n sisässä/-llä**	-n **si**ss**æ**ss**æ**/-ll**æ**
inside	**sisään/sisälle**	si**ss**æ**n/**si**ss**æ**llay
near	**lähellä/lähelle**	l**æ**hayll**æ**/l**æ**hayllay
never	**ei koskaan**	ay' **koas**kaan
next to	**vieressä**	v'**ay**rayss**æ**
none	**ei yhtään**	ay' **ewht**æ**n
not	**ei**	ay'
nothing	**ei mitään**	ay' mitt**æ**n
now	**nyt**	newt
on	**-n päällä/päälle**	-n **pæl**læ/**pæl**lay
only	**vain**	vah'n
or	**tai**	tah'
outside	**ulkona/ulos**	**ool**koanah/**oo**loas
perhaps	**ehkä**	**ayh**k**æ**
since	**alkaen**	**ahl**kahayn
soon	**pian**	p'ahn
then	**sitten**	**sit**tayn
through	**läpi**	**læ**pi
to	**-n kohdalle**	-n **koah**dayllay
too (also)	**myös**	m°ªurss
towards	**-a kohti**	-a **koah**ti
under	**alla/alle**	**ahl**lah/**ahl**lay
until	**asti**	**ahs**ti
up	**ylös/ylhäällä**	**ewl**urss/**ewl**h**æll**æ**
upstairs	**yläkerrassa**	**ewl**ækayrrahssah
very	**tosi**	**toas**i
with	**-n kanssa**	-n **kahns**sah
without	**ilman**	**il**mahn
yet	**vielä**	v'**ay**læ

Arrival

Passport control *Passin|tarkastus*

Here's my passport.	**Tässä on passini.**	**t**æssæ oan **pah**ssini
I'll be staying...	**Viivyn...**	**vee**vewn
a few days	**muutamia päiviä**	**mōō**tahmiah pæ¹viæ
a week	**viikon**	**vee**koan
2 weeks	**kaksi viikkoa**	**kahk**si **veek**koah
a month	**kuukauden**	**koo**kah°°dayn
I don't know yet.	**En tiedä vielä.**	ayn t¹**ay**dæ v¹**ay**læ
I'm here on holiday.	**Olen täällä lomalla.**	**oa**layn t**æ**llæ **loa**mahllah
I'm here on business.	**Olen täällä liike|-asioissa.**	**oa**layn t**æ**llæ **lee**kayahsioa¹ssah
I'm just passing through.	**Olen vain läpi|kulku|matkalla.**	**oa**layn vah¹n **læ**pikoolkoomahtkahllah

If things become difficult:

I'm sorry, I don't understand.	**Anteeksi, en ymmärrä.**	ahnt**ay**ksi ayn **ewm**mærræ
Does anyone here speak English?	**Puhuuko kukaan täällä englantia?**	poo**hōō**koa **koo**kaan t**æ**llæ **ayng**lahnt¹ah

TULLI
CUSTOMS

After collecting your baggage at the airport (*lentokenttä—* **layn**toa**kaynt**æ) you have a choice: use the green exit if you have nothing to declare. Or leave via the red exit if you have items to declare (in excess of those allowed).

tullattavia tavaroita goods to declare	**ei tullattavaa** nothing to declare

The chart below shows what you can bring in duty-free:*

	Cigarettes	Cigars	Tobacco	Spirits	Wine
European residents	200 or	250 g. of other tobacco products		1 l. and	1 l.
Non-European residents	400 or	500 g. of other tobacco products		1 l. and	1 l.

I have nothing to declare.	**Minulla ei ole mitään tullattavaa.**	minnoollah ayⁱ oalay mittæn toollahttahvaa
I have...	**Minulla on...**	minnoollah oan
a carton of cigarettes	**kartonki savukkeita**	kartoanki sahvookkayⁱtah
a bottle of whisky	**pullo viskiä**	poolloa viskiæ
It's for my personal use.	**Se on henkilö|koh-taiseen käyttööni.**	say oan haynkillurkoahtah|ssāyn kæ^{ew}ttūrni
It's a gift.	**Se on lahja.**	say oan lahhyah
Your passport, please.	**Passinne, olkaa hyvä.**	pahssinnay oalkaa hewvæ

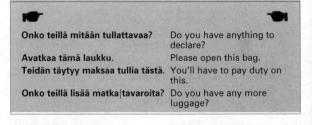

Onko teillä mitään tullattavaa?	Do you have anything to declare?
Avatkaa tämä laukku.	Please open this bag.
Teidän täytyy maksaa tullia tästä.	You'll have to pay duty on this.
Onko teillä lisää matka|tavaroita?	Do you have any more luggage?

* All allowances are subject to change without notice

Baggage—Porter *Kantaja*

In the absence of porters, you'll find plenty of luggage trolleys at the airport. You might find porters at the railway stations, but they are becoming scarce.

Porter!	**Kantaja!**	kahntahyah
Please take (this/my)...	**Olkaa hyvä ja otta-kaa (tämä/minun)...**	oalkaa hewvæ ya oattahkaa (tæmæ/minnoon)
luggage	**matka|tavarani**	mahtkahtahvahrani
suitcase	**matka|laukku|ni**	mahtkahlah°°kkooni
(travelling) bag	**(matka)laukku|ni**	(mahtkah)lah°°kkooni
That one is mine.	**Tuo on minun.**	t°°oa oan minnoon
Take this luggage...	**Ottakaa tämä laukku...**	oattahkaa tæmæ lah°°kkoo
to the bus	**bussille**	boossillay
to the luggage lockers	**säilytys|lokeroille**	sæilewtewsloakayroa'llay
to the taxi	**taksille**	tahksillay
How much is that?	**Paljonko tämä maksaa?**	pahlyoankoa tæmæ mahksaa
There's one piece missing.	**Yksi laukku puut-tuu.**	ewksi lah°°kkoo pōōttōō
Where are the luggage trolleys (carts)?	**Missä on työntö|kärryjä?**	missæ oan t°°urnturkærrewyæ

Changing money *Rahan\|vaihto*

Where's the currency exchange (office)?	**Missä on valuutan vaihto (toimisto)?**	missæ oan vahlootahn vaihtoa (toa'mistoo)
Can you change these traveller's cheques (checks)?	**Voitteko vaihtaa nämä matka|sekit?**	voa'ttaykoa vah'htaa næmæ mahtkahsaykit
I want to change some dollars/pounds.	**Haluaisin vaihtaa dollareita/puntia.**	hahlooah'sin vah'htaa doallahray'tah/poontiah
Can you change this into euros?	**Voitteko vaihtaa tämän euroiksi?**	voa'ttaykoa vah'htaa tæmæn ay°°royksi
What's the exchange rate?	**Mikä on vaihto|kurssi?**	mikkæ oan vah'htoakoorssi

BANK-CURRENCY, see page 129

Where is...? *Missä on...?*

Where is the...?	**Missä on...?**	missæ oan
booking office	**lippu|myymälä**	lippoo**mew**mælæ
duty (tax)-free shop	**vero|vapaa myy-mälä**	vayroa**vah**paa **mew**mælæ
newsstand	**lehti|myymälä**	layhti**mew**mælæ
restaurant	**ravintola**	rah**vin**toalah
How do I get to...?	**Miten pääsen... -n/-lle?**	mittayn **pæ**sayn...-n/-llay
Is there a bus into town?	**Meneekö kaupun- kiin bussia?**	may**nay**kur **kah**°°poonkeen **boos**siah
Where can I get a taxi?	**Mistä voin saada taksin?**	mistæ voa'n **saa**dah **tahk**sin
Where can I hire (rent) a car?	**Mistä voin vuok- rata auton?**	mistæ voa'n **v**°°oakrahtah **ah**°°toan

Hotel reservation *Hotellin varaus*

Do you have a hotel guide (directory)?	**Onko teillä hotelli|opasta?**	**oan**koa tay'llæ hoataylli**oa**pahstah
Could you reserve a room for me?	**Voisitteko varata minulle huoneen.**	voa'sittaykoa **vah**rahtah minnoollay h°°oan**ay**n
in the centre	**keskustassa**	**kays**koostahstah
near the railway station	**lähellä rauta|tie|asemaa**	**læ**hayllæ rah°°taht'ayahsaymaa
a single room	**yhden hengen huone**	**ewh**dayn **hayn**gayn h°°**oa**nay
a double room	**kahden hengen huone**	**kahh**dayn **hayn**gayn h°°**oa**nay
not too expensive	**ei liian kallis**	ay' leeahn **kahl**liss
Where is the hotel/ guesthouse?	**Missä on hotelli/ matkustaja|koti?**	missæ oan hoa**tayl**li/ **maht**koostahjahkoati
Do you have a street map?	**Onko teillä kau- pungin karttaa?**	**oan**koa tay'llæ **kah**°°poongin **kahrt**taa

HOTEL/ACCOMMODATION, see page 22

Car hire (rental) *Auton vuokraus*

All the major international agencies are represented in Finland. To hire a car you must show a valid driving licence from your country of residence. The minimum age varies from 19 to 23 and one year's driving experience is required. Most companies require a cash deposit but this is often waived for holders of major credit cards.

I'd like to hire (rent) a car.	**Haluaisin vuokrata auton.**	hahlooah'sin v°°oakrahtah ah°°toan
small	**pieni**	p'ayni
medium-sized	**keski|kokoinen**	kayskikoakoanayn
large	**suuri**	soori
automatic	**automaatti| vaihteella**	ah°°toamaattivah'htāyllah
I'd like it for a day/a week.	**Haluaisin sen päi- väksi/viikoksi.**	hahl°°ah'sin sayn pæ'væksi/ veekoaksi
Are there any week- end arrangements?	**Onko vii- kon|lopuksi eri tarjouksia?**	oankoa veekoanloapooksi ayri tahryoa°°ksiah
Do you have any special rates?	**Onko teillä mitään erikois|hintoja?**	oankoa tay'llæ mittæn ayrikkoa'shintoayah
What's the charge per day/week?	**Mikä on päivä|maksu/ viikko|maksu?**	mikkæ oan pæ'væmahksoo/ veekkoamahksoo
Is mileage included?	**Kuinka suuri kilo|metri|määrä sisältyy hintaan?**	koo'nkah soori killoamaytrimǣræ sissæltew hintaan
What's the charge per kilometre?	**Mikä on kilo|metri|maksu?**	mikkæ oan killoamaytrimahksoo
I'd like to leave the car in...	**Haluaisin jättää auton...-n/-lle**	hahlooah'sin yættǣ ah°°toan...-n/-llay
I'd like full insurance.	**Haluaisin täy- den|vakuutuksen.**	hahlooah'sin tæ'°daynvahkootooksayn
How much is the deposit?	**Kuinka suuri on ennakko|maksu?**	koo'nkah sōōri oan aynnahkkoahmahksoo
I have a credit card.	**Minulla on luotto|kortti.**	minnoollah oan l°°oattoakoartti
Here's my driving licence.	**Tässä on ajo|kortti|ni.**	tæssæ oan ahyoakoarttini

CAR, see page 75

Taxi *Taksi*

Taxis are easy to spot as they all have a yellow *Taxi* or *Taksi* sign. If this sign is lit the cab is available. All taxis have meters and a surcharge is added at weekends and at night. Drivers don't expect a tip but a few extra coins for good service is customary.

Where can I get a taxi?	**Mistä voin saada taksin?**	mistæ voa'n saadah tahksin
Where is the taxi rank (stand)?	**Missä on taksi|asema?**	missæ oan tahksiahsaymah
Could you get me a taxi?	**Voitteko hankkia minulle taksin?**	voa'ttaykoa hahnkkiah minnoollay tahksin
What's the fare to...?	**... – Mitä maksaa ajaa sinne?**	mittæ mahksaa ahyaa sinnay
How far is it to...?	**Kuinka kaukana on...?**	koo'nkah kah°°kahnah oan
Take me to...	**Viekää minut...**	v'aykǣ minnoot
this address	**tähän osoitteeseen**	tæhæn oasoa'ttäyssäyn
the airport	**lento|kentälle**	layntoakayntællay
the town centre	**kaupungin keskustaan**	kah°°poongin kayskoostaan
the... Hotel	**hotelli...-n/-lle**	hoataylli...-n/-llay
the railway station	**rauta|tie|asemalle**	rah°°taht'ayahsaymahllay
Turn... at the next corner.	**Kääntykää... seuraavassa kulmassa.**	kǣntewkǣ... say°°raahvassah koolmahssah
left/right	**vasemmalle/ oikealle**	vahsaymmallay/ oa'kayahllay
Go straight ahead.	**Ajakaa suoraan eteen|päin.**	ahjahkaa s°°oaraan aytäynpæin
Please stop here.	**Pysähtykää tässä.**	pewssæhtewkǣ tæssæ
I'm in a hurry.	**Minulla on kiire.**	minnoollah oan keeray
Could you drive more slowly?	**Voisitteko ajaa hitaammin?**	voa'sittaykoa ahyaa hittaammin
Could you help me carry my luggage?	**Voisitteko auttaa kantamisessa?**	voa'sittaykoa ah°°ttaa kahntahmissayssah
Could you wait for me?	**Voitteko odottaa?**	voa'ttaykoa oadoattaa
I'll be back in 10 minutes.	**Tulen takaisin kymmenessä minuutissa.**	toolayn tahkah'sin kewmmaynayssæ minnoottissah

Hotel—Other accommodation

Finnish hotels maintain high standards. During the last few years many modern, tastefully furnished hotels and motels have been built. In a typical hotel (*hotelli*) you're likely to find not only a *sauna* but a swimming pool as well. Finnish Tourist Board offices in Finland and abroad supply the brochure *Hotels*, which details all the facilities provided.

motelli (moataylli)	Accommodation for motorists, all modern and of a very good standard.
kongressi|hotelli (koangrayssihoataylli)	These are modern, big hotels with a special emphasis on congress facilities and other services.
kesä|hotelli (kaysæhoataylli)	These are usually student living quarters which open as hotels in the summer months (June-August); thus the name 'summer hotels'. Comfortable accommodation in modern buildings at attractive rates.
hospiz, hospitsi (hoaspitsi)	Small hotels operated by the YMCA or YWCA.
matkustaja|koti (mahtkoostahjahkoati)	Small, modest hotels providing basic accomodation at affordable prices.
retkeily|maja (raytkay'lewmahjah)	Youth hostels open during the summer months only. Despite the name they welcome visitors of any age (it is worth checking with individual hostels if children are allowed). Most require membership of a national youth hostel organisation, however non-members are admitted upon payment of a small surcharge. Foreigners can buy a visitor's card from any youth hostel in Finland.
loma|kylä (loamahkewlæ)	Finland has more than 200 holiday villages consisting of self-contained bungalows in rustic settings. Some are open all year round and are excellent for winter holiday stays.
mökki (murkki)	Cabins found on well-equipped camping sites.

maatalo|majoitus (**maa**tahloamah yoa'tooss)	A number of farmhouses take in guests, who have their meals with the family on a full-board, half-board or bed-and-breakfast basis and can participate in the work of the farm if they wish.	
täysi|hoitola (**tæ**ᵉʷssihoa'toalah)	These boarding houses may offer specialized holidays such as sports, health cures etc.	
kesä|mökki (**kay**sæmurkki)	Summer cottages are available for rent through the local tourist office.	

Can you recommend a hotel/guesthouse?	**Voitteko suositella hotellia/matkus- taja|kotia?**	voa'ttaykoa sᵒᵒoasittayllah hoataylliah/ mahtkoostahjah|**koat**iah
Are there any flats (apartments) vacant?	**Onko yhtään huo- neistoa vapaana?**	oankoa ewhtᵃⁿn hᵒᵒoanay'stoaah **vah**paanah

Checking in—Reception *Ilmoittautuminen—Vastaanotto*

My name is...	**Nimeni on...**	nimayni oan
I have a reservation.	**Minulla on varaus.**	minnoollah oan vahraᵒᵒs
We've reserved 2 rooms.	**Olemme varanneet kaksi huonetta.**	oalaymmay vahrahnnayt kahksi hᵒᵒoanayttah
Here's the confir- mation.	**Tässä on vahvistus.**	tæssæ oan **vahh**vistooss
Do you have any vacancies?	**Onko teillä vapaita huoneita?**	oankoa tay'llæ vahpah'tah hᵒᵒoanay'tah
I'd like a...	**Haluaisin...**	hahlooah'sin
single room	**yhden hengen huoneen**	ewhdayn hayngayn hᵒᵒoanāyn
double room	**kahden hengen huoneen**	kahhdayn hayngayn hᵒᵒoanāyn
We'd like a room...	**Haluaisimme huo- neen,...**	hahlooah'simmay hᵒᵒoanāyn
with twin beds	**jossa on kaksi vuodetta**	yaossah oan kahksi vᵒᵒoadayttah
with a double bed	**jossa on kaksois|vuode**	yaossah oan kahksoa'svᵒᵒoaday
with a bath	**jossa on kylpy|huone**	yaossah oan kewlpewhᵒᵒoanay
with a shower	**jossa on suihku**	yaossah oan sooᶦhkoo

CHECKING OUT, see page 31

with a balcony	jossa on parveke	yoassah oan pahrvaykay
with a view	josta on näkö|ala	yoastaah oan nækurahlah
at the front	joka on julki|sivun puolella	yoakah oan yoolkisivoon p°°oalayllah
at the back	joka on taka|osassa	yokah oan tahkahoassahssah
It must be quiet.	Sen täytyy olla hiljainen.	sayn tæ^{ew}tēw oallah hilyah'nayn
Is there...?	Onko...	oankoa
air conditioning	ilmastointia	ilmahstoa'ntiah
a conference room	neuvottelu|huonetta	nay°°voattaylooh°°oa nayttah
a laundry service	pyykki|palvelua	pewkkipahlvaylooah
a private toilet	oma wc	oamah vāȳsāȳ
a radio/television in the room	huoneessa radio/ televisio	h°°oanayssah rahdioa/ taylayvissioa
a sauna	saunaa	sah°°naa
a swimming pool	uima-allasta	oo|mahahⅡlahstah
hot water	kuuma vesi	kōōmah vayssi
room service	huone|palvelua	h°°oanaypahlvaylooah
running water	juokseva vesi	y°°oaksayvah vayssi
Could you put an extra bed/a cot in the room?	Voitteko tuoda huoneeseen lisä-sängyn/lapsen sängyn?	voa'ttaykoa t°°oadah h°°oanäȳsayn lissæsængewn/lahpsayn sængewn

How much? *Paljonko?*

What's the price...?	Mitä hinta on...	mittæ hintah oan
per day	päivältä	pæ'væltæ
per week	viikolta	veekoaltah
for bed and breakfast	aamiaisen kanssa	aamiah'sayn kahnssah
excluding meals	ilman aterioita	ilmahn ahtayrioa'tah
for full board (A.P.)	täysi|hoidosta	tæ^{ew}sihoa'doastah
for half board (M.A.P.)	puoli|hoidosta	p°°oalihoa'doastah
Does that include...?	Sisältyykö siihen...?	sissæltēwkur seehayn
breakfast	aamiainen	aamiah'nayn
service	palvelu|palkkio	pahlvayloopahlkkioa
value-added tax (sales tax)	liike|vaihto|vero	leekayvah'htoavayroa
Is there any reduction for children?	Onko lapsille alennusta?	oankoa lahpsillay ahlaynnoostah

NUMBERS, see page 147

Do you charge for the baby?	**Veloitatteko pikku|lapsesta?**	vayloa'tahttaykoa pikkoolahpsaystah
That's too expensive.	**Se on liian kallista.**	say oan leeahn kahllistah
Do you have anything cheaper?	**Onko teillä mitään halvempaa?**	oankoa tay'llæ mittæn hahlvaympaa

How long? *Kuinka kauan?*

We'll be staying...	**Viivymme...**	veevewmmay
overnight only	**vain yhden yön**	vah'n ewhdayn ew'urn
a few days	**muutamia päiviä**	mōōtahmiah pæ'viæ
a week (at least)	**(vähintään) viikon**	(væhintæn) veekoan
I don't know yet.	**En tiedä vielä.**	ayn t'aydæ v'aylæ

Decision *Päätös*

May I see the room?	**Saanko nähdä huoneen?**	saankoa næhdæ hᵒᵒoanāyn
That's fine. I'll take it.	**Tämä on hyvä. Otan sen.**	tæmæ oan hewvæ oatahn sayn
No. I don't like it.	**Ei. En pidä siitä.**	ay' ayn pidæ seettæ
It's too...	**Se on liian...**	say oan leeahn
cold/hot	**kylmä/kuuma**	kewlmæ/koomah
dark/small	**pimeä/pieni**	pimm'ʸæ/p'ayni
noisy	**meluisa**	mayloo'sah
I asked for a room with a bath.	**Pyysin huonetta, jossa on kylpy|huone.**	pēwsin hᵒᵒnayttah yoassah oan kewlpewhᵒᵒoanay
Do you have anything...?	**Onko teillä mitään...?**	oankoa tay'llæ mittæn
better	**parempaa**	pahraympaa
bigger	**suurempaa**	sōōraympaa
cheaper	**halvempaa**	hahlvaympaa
quieter	**rauhallisempaa**	rahᵒᵒhahllissaympaa
Do you have a room with a better view?	**Onko teillä huonetta, josta on parempi näkö|ala?**	oankoa tay'llæ hᵒᵒoanayttah yaostah oan pahraympi nækurahlah

Registration *Kirjoittautuminen*

Upon arrival at a hotel or guesthouse you'll be asked to fill in a registration form (*matkustaja|kortti*—**maht**koostahyah-**koart**ti).

Suku|nimi/Etu|nimi	Name/First name
Koti|kaupunki/Katu/Numero	Home town/Street/Number
Kansallisuus/Ammatti	Nationality/Occupation
Syntymä|aika/|-paikka	Date/Place of birth
Tulossa/Menossa	Coming from.../Going to...
Passin numero	Passport number
Paikka/Päivä	Place/Date
Alle|kirjoitus	Signature

What does this mean?	**Mitä tämä tarkoittaa?**	mittæ tæmæ tahrkoa¹ttaa

Saanko nähdä passinne.	May I see your passport?
Voisitteko täyttää tämän matkustaja|kortin.	Would you mind filling in this registration form?
Allekirjoittakaa tähän.	Please sign here.
Kuinka kauan viivytte?	How long will you be staying?

What's my room number?	**Mikä on huonee|ni numero?**	mikkæ oan hᵒᵒoanayni noomayroa
Will you have our luggage sent up?	**Toimitatteko matka|tavaramme ylös?**	toa¹mittahttaykoa mahtkahtahvahrahmmay ewlurss
Where can I park my car?	**Minne voin pysä|köidä auto|ni?**	minnay voa¹n pewsækur¹dæ ahᵒᵒtoani
Does the hotel have a garage?	**Onko hotellilla auto|tallia?**	oankoa hoatayllillah ahᵒᵒtoatahlliah
I'd like to leave this in the hotel safe.	**Haluaisin jättää tämän hotellin talle|lokeroon.**	hahlooah¹sin jættæ tæmæn hoatayllin tahllayloakayroan

TELLING THE TIME, see page 153

HOTEL

Hotel staff *Hotellin henkilökunta*

hall porter	**portieeri**	**poarti**ªyri
maid	**siivooja**	**see**voayah
manager	**johtaja**	**yoh**tahyah
porter	**kantaja**	**kahn**tahyah
receptionist	**vastaan|otto**	**vah**staanoattoa
switchboard operator	**keskus**	**kays**kooss
waiter	**tarjoilija**	**tah**ryoaʲliyah
waitress	**tarjoilija**	**tah**ryoaʲliyah

General requirements *Yleisiä tarpeita*

The key to room..., please.	**Avain huoneeseen numero..., kiitos.**	**ah**vaʲn h°°oan**ayss**ayn noo**may**roa... **kee**toass
Could you wake me at... please?	**Voisitteko herättää minut kello...?**	voaʲ**sit**taykoa hay**ræt**tæ **min**noot **kayl**loa
When is breakfast/ lunch/dinner served?	**Mihin aikaan tarjoillaan aamiainen/ lounas/päivällinen?**	**mih**in ahʲ**kaan tah**ryoaʲllaan **aam**iahʲnayn/ **loa**°°nahs/ pæʲ**væl**linayn
May we have breakfast in our room, please?	**Voisimmeko saada aamiaisen huoneeseen?**	voaʲ**sim**maykoa **saa**dah **aam**iahʲayn h°°oan**ayss**ayn
Is there a bath on this floor?	**Onko tässä kerroksessa kylpy|huonetta?**	**oan**koa **tæs**sæ **kayr**roaksayssa **kewl**pewh°°oan**ayt**tah
What's the voltage?	**Mikä on jännite?**	**mik**kæ oan **yæn**nittay
Where's the shaver socket (outlet)?	**Missä on parran|ajo|koneen pisto|rasia?**	**mis**sæ oan **pahr**rahnahyoakoan**ay**n **pist**oarahsiah
Can you find me a...?	**Voitteko hankkia minulle...?**	voaʲ**t**taykoa **hahnk**kiah **min**noollay
babysitter	**lapsen|vahdin**	**lahp**saynvahhdin
secretary	**sihteerin**	**siht**ayrin
typewriter	**kirjoidiskone**	**keer**yoaʲdiskoanay
May I have a/an/ some...?	**Voisinko saada...**	**voaʲ**sinkoa **saa**dah
ashtray	**tuhka|kupin**	**tooh**kahkoopin
bath towel	**kylpy|pyyhkeen**	**kewl**pewpewhkayn
(extra) blanket	**(lisä-) peiton**	(**lees**æ-) **pay**ʲtoan
envelopes	**kirje|kuoria**	**keer**yayk°°oariah
(more) hangers	**(lisää) vaate|ripustimia**	(**lees**æ) **vaa**tayrippoostimmiah

BREAKFAST, see page 40

Hotelli

hot-water bottle	kuuma|vesi|pullon	koomahvayssipoolloan
ice/ice cubes	jäitä/jää|kuutioita	yæⁱtæ/yækootioaⁱtah
needle and thread	neulan ja lankaa	nayᵒᵒlahn ya lahnkaa
(extra) pillow	(lisä-) tyynyn	(leesæ-) tēⁱwnewn
reading lamp	luku|lampun	lookoolahmpoon
soap	saippuaa	sahⁱppooaa
writing paper	kirjoitus|paperia	keeryoaⁱtoospahpayriah
Where's the...?	Missä on...?	missæ oan
bathroom	kylpy|huone	kewlpewhᵒᵒoanay
dining-room	ruoka|sali	rᵒᵒoakahsahli
emergency exit	hätä|ulos|käynti	hætæooloaskæᵉʷnti
hairdresser's	kampaaja	kahmpaayah
lift (elevator)	hissi	hissi
Where are the toilets?	Missä ovat WC:t?	missæ oavaht vāysāyt

Telephone—Post (Mail) *Puhelin—Posti*

Can you get me Kuusamo 123-45-67?	Saanko Kuusamo 123-45-67.	saankoa koosahmoa 123-45-67
Do you have any stamps?	Onko teillä posti|merkkejä?	oankoa tayⁱllæ poastimayrkkayyæ
Would you post this for me, please?	Voisitteko postittaa tämän?	voaⁱsittaykoa poastittaa tæmæn
Are there any letters for me?	Onko minulle kirjeitä?	oankoa minnoollay keeryayⁱttæ
Are there any messages for me?	Onko minulle viestejä?	oankoa minnoollay vⁱaystayyæ
How much is my telephone bill?	Kuinka suuri on puhelin|laskuni?	kooinkah soori oan poohaylinlahskooni

Difficulties *Vaikeuksia*

The... doesn't work.	... ei toimi.	ayⁱ toaⁱmi
air conditioning	ilmastointi	ilmahstoaⁱnti
bidet	bidet	biddāy
fan	tuuletin	tōōlaytin
heating	lämmitys	læmmittewss
light	valo	vahloa
radio	radio	rahdioa
television	televisio	taylayvissioa
The tap (faucet) is dripping.	Vesi|hana tippuu.	vayssihahnah tippoo
There's no hot water.	Ei tule kuumaa vettä.	ayⁱ toolay kōōmaa vayttæ

POST OFFICE AND TELEPHONE, see page 132

The washbasin is blocked.	Pesu|allas on tukossa.	payssooahllahs oan tookoassah
The window is jammed.	Ikkuna on juuttunut kiinni.	ikkoonah oan jōōttoonoot keenni
The curtains are stuck.	Verho on juuttunut kiinni.	vayrhoa oan jōōttoonoot keenni
The bulb is burned out.	Lamppu on palanut.	lahmppoo oan pahlahnoot
My bed hasn't been made up.	Vuodettani ei ole sijattu.	v°°oadayttahni ay' oalay siyyahttoo
The ... is broken.	... on rikki.	oan rikki
blind	kaihdin	kah'hdin
lamp	lamppu	lahmppoo
plug (electricity)	pistoke	pistoakay
plug (water)	tulppa	toolppah
shutter	ikkuna|luukku	ikkoonahlookkoo
switch	katkaisija	kahtkah'siyah
Can you get it repaired?	Voitteko korjata sen?	voa'ttaykoa koaryahtah sayn

Laundry—Dry cleaner's *Pesula*

I'd like these clothes...	Haluaisin nämä vaatteet...	hahlooah'sin næmæ vaattayt
cleaned	puhdistukseen	poohdistooksāyn
dry-cleaned	kuiva|pesuun	koo'vahpaysōōn
ironed	silitykseen	sillittewksāyn
pressed	prässäykseen	præssæ^{ew}ksāyn
washed	pesuun	paysoon
When will they be ready?	Milloin ne ovat valmiit?	milloa'n nay oavaht vahlmeet
I need them...	Tarvitsen ne...	tahrvitsayn nay
today	tänään	tænǣn
tonight	tänä iltana	tænæ iltahnah
tomorrow	huomenna	h°°oamaynnah
before Friday	ennen perjantaita	aynnayn payryahntah'tah
Can you ... this?	Voitteko ... tämän?	voa'ttaykoa ... tæmæn
mend	korjata	koaryahtah
patch	paikata	pah'kahtah
stitch	ommella	oammayllah
Can you sew on this button?	Voitteko ommella tämän napin kiinni?	voa'ttaykoa oammayllah tæmæn nahpin keenni
Can you get this stain out?	Voitteko poistaa tämän tahran?	voa'ttaykoa poa'staa tæmæn tahhrahn

Is my laundry ready?	**Onko pyykkini valmis?**	oankoa pewkkini vahlmiss
This isn't mine.	**Tämä ei ole minun.**	tæmæ ay oalay minnoon
There's something missing.	**Jotain puuttuu.**	yatahn poottoo
There's a hole in this.	**Tässä on reikä.**	tæssæ oan raykæ

Hairdresser—Barber *Kampaaja—Parturi*

Is there a hairdresser/beauty salon in the hotel?	**Onko hotellissa kampaajaa/kauneushoitolaa?**	oankoa hoatayllissah kahmpaajaa/kahnayooshoatoalaa
Can I make an appointment for Thursday?	**Voinko varata ajan torstaiksi?**	voankoa vahrahtah ahyahn toarstahksi
I'd like a cut and blow dry.	**Haluaisin leikkauksen ja föönauksen.**	hahlooahsin laykkahksayn yah furnahksayn
I'd like a haircut, please.	**Saisinko tukanleikkuun?**	sahsinkoa tookahnlaykkoon
blow-dry	**föönaus**	furnahss
colour rinse	**väri|huuhtelu**	værihoohtayloo
dye	**värjäys**	væryæ^{ew}ss
face pack	**kasvo|naamio**	kahsvoanaammioa
hair gel	**hius|geeli**	hisghāyli
highlights	**raidat**	rahdaht
manicure	**käsien hoito/manikyyri**	kæsayn hoatoa/mahnikkēwri
perm(anent)	**permanentti**	payrmahnayntti
setting lotion	**kampaus|neste**	kahmpahsnaystay
shampoo and set	**pesu ja kampaus**	paysoo yah kahmpahss
with a fringe (bangs)	**otsa|tukka**	oatsahtookkah
I'd like a shampoo for... hair.	**Haluaisin shampoon... hiuksille**	hahlooahsin shahmpoan...hooksille
normal/dry/greasy (oily)	**normaaleille/kuiville/rasvaisille**	noarmaalayllay/koovillay/rahsvahsillay
Do you have a colour chart?	**Onko teillä väri|karttaa?**	oankoa tayllæ værikahrttaa
Don't cut it too short.	**Älkää leikatko liian lyhyeksi.**	ælkæ laykahtkoa leeahn lewh^{ew}ayksi
A little more off the...	**Vähän lyhyemmäksi...**	væhæn lewh^{ew}aymmæksi
back	**takaa**	tahkaa
neck	**niskasta**	niskahstah

DAYS OF THE WEEK, see page 151

sides	sivuilta	siv̄voo'ltah
top	päältä	pǣltæ
I don't want any hairspray.	En halua mitään hius|lakkaa.	ayn hahl°°ah mittæn hi°°uslahkkaa
I'd like a shave.	Haluaisin parran|ajon.	hahlooah'sin pahrrahnahyoan
Would you trim my..., please?	Voisitteko siistiä....	voa'sittaykoa seestiæ
beard	parta|ni	pahrtahni
moustache	viiksiä|ni	veeksiæni
sideboards (sideburns)	pulisonki|ni	poolissoankinni

Checking out *Lähtö*

May I have my bill, please?	Saisinko lasku?	sah'sinkoa lahskoo
I'm leaving early in the morning.	Lähden aikaisin aamulla.	læhdayn ah'kah'sin aamoollah
Please have my bill ready.	Kirjoittaisitteko laskuni valmiiksi.	keeryoa'ttah'sittaykoa lahskooni vahlmeeksi
We'll be checking out around noon.	Lähdemme puolen|päivän aikoihin.	læhdaymmay p°°oalaynpæivæn ah'koa'hin
I must leave at once.	Minun täytyy lähteä heti.	minnoon tæ°wtēw læhtayæ hayti
Is everything included?	Sisältyykö siihen kaikki?	sissæltēwkur seehhayn kah'kki
Can I pay by credit card?	Voinko maksaa luotto|kortilla?	voa'nkoa mahksaa l°°oattoakoartilla
I think there's a mistake in the bill.	Tässä laskussa taitaa olla virhe.	tæssæ lahskoossah tah'taa oallah virhay
Can you get us a taxi?	Voitteko hankkia meille taksin?	voa'ttaykoa hahnkkiah may'llay tahksin
Could you have our luggage brought down?	Voisitteko toimittaa matka|tavara|mme alas?	voa'sittaykoa toa'mittaa mahtkahtahvahrahmmay ahlahs
Here's the forwarding address.	Tässä on seuraava osoittee|ni.	tæssæ oan say°°raavah oasoa'ttāyni
You have my home address.	Teillä on koti|osoittee|ni.	tay'llæ oan koatioasoa'ttāyni
It's been a very enjoyable stay.	Olen viihtynyt erinomaisesti.	oalayn veehtewnewt ayrinoamah'saysti

Camping *Leirintä*

There are more than 350 camp sites, 200 of which belong to the Finnish Travel Association (*Suomen Matkailuliitto*). Sites are graded by stars from one to three, the best offering riding, water-skiing, rowing and fishing. The Finnish camping season starts around the end of May in the south and lasts into September. An international or Finnish camping card is required - obtainable at the sites. It is forbidden to light fires in the countryside so bring a camping stove if you intend to cook.

Is there a camp site near here?	**Onko lähellä leirintä|aluetta?**	oankoa læhayllæ lay'rintæahlooayttah
Can we camp here?	**Voimmeko leiriytyä tässä?**	voa'mmaykoa lay'riewtewæ tæssæ
Do you have room for a tent/caravan (trailer)?	**Onko teillä tilaa teltalle/asunto|vaunulle**	oankoa tay'llæ tillaa tayltahllay/ ahsoontoavah°°noollay
What's the charge...?	**Mitä on maksu...?**	mittæ oan mahksoo
per day	**päivältä**	pæ'væltæ
per person	**hengeltä**	hayngayltæ
for a car	**autosta**	ah°°toastah
for a tent	**teltasta**	tayltahstah
for a caravan (trailer)	**asuntovaunusta**	ahsoontoavah°°noostah
Is tourist tax included?	**Sisältyykö matkailija|vero hintaan?**	sissæltewkur mahtkah'liyahvayroa hintaan
Is there/Are there (a)...?	**Onko...?**	oankoa
drinking water	**juoma|vettä**	y°°oamahvayttæ
electricity	**sähköä**	sæhkuræ
playground	**leikki|kenttää**	lay'kkikaynttǣ
restaurant	**ravintolaa**	rahvintoalaa
shopping facilities	**myymälää**	mēwmælǣ
swimming pool	**uima|allasta**	oo'mahahllahstah
Where are the showers/toilets?	**Missä ovat suihkut/vessat?**	missæ oavaht soo'hkoot/ vayssaht
Where can I get butane gas?	**Mistä voin saada butaania/ neste|kaasua?**	mistæ voa'n saadah bootaaniah/ naystaykaassooah
Is there a youth hostel near here?	**Onko lähellä retkeily|majaa?**	oankoa læhayllæ raytkay'lewmahyaa

CAMPING EQUIPMENT, see page 106

Eating out

Eating places in Finland range from the basic to the very smart; the list below will help you decide where to choose. However, remember that restaurants are not allowed to serve alcoholic drinks before 11 a.m.

Baari
(**baa**ri)

A 'snack-bar', unlicensed as a rule, although some serve beer, so don't head for one of these if what you want is a stiff drink! Actually the ones which do not offer any alcoholic beverages at all generally have a more pleasant atmosphere. You will see the sign *Baari* everywhere in Finland. The menu usually consists of snacks, simple meals, pastries and ice cream. They will be happy to serve just a cup of coffee or tea; there is no obligation to order a full meal. However, some of these may close quite early in the evening.

Grilli
(**grill**i)

A small informal restaurant, sometimes licensed to serve beer and wine. More popular for luncheons than for dinner.

Kahvio, Kahvila
(**kahh**vioa **kahh**villah)

Kahvila is a cafe or a snack-bar usually specializing in pastries and cakes. Light meals may also be available. *Kahvio* is just a self-service cafeteria, for example in a department store or a service station.

Krouvi
(**kroa**ᵒᵒvi)

A small restaurant offering a hearty menu and usually licensed to serve beer and wine. Very similar in style to the restaurants called *Grilli*.

Pub
(**poob**)

An imitation of an English pub, although sometimes only in name. Many pubs in Finland serve meals and have waitress service as in a restaurant.

Ravintola
(**rah**vintoalah)

The general name for a restaurant. This can cover anything from a small intimate eating place to a grand establishment with live music and a dance floor. A *ravintola* may be either licensed or unlicensed.

Yö|kerho
(**ᵉʷur**kayrhoa)

A night-club, always licensed, mostly to be found in big hotels. Open until 2 - 3 a.m.

Eating habits *Ruoka|tavat*

The Finns are coffee drinkers and most of them start their day with a cup of black coffee. A healthy breakfast may then consist of oat porridge or muesli and some black rye bread. In Finland tea is served extremely weak and never with milk.

Most workplaces have subsidized canteens where the employees may have a two or three course lunch which is often their main meal of the day. Nowadays in many families a full dinner is cooked at home only at weekends as the parents have their main meal at work and the children are given theirs at school or at a creche.

In general Finnish food is hearty and homely. Pork, beef and chicken casseroles are common, while lamb and veal are less popular. Cold milk is the typical drink at meal times, wine only being served on special occasions or when entertaining.

Meal times *Ateria-ajat*

In Finland, lunch and dinner are eaten earlier than in most other European countries. Lunch (*lounas*—**loa**ᵒᵒnahss) at 11 a.m. is not unusual and when at home most families eat dinner (*päivällinen*—**pæ**ⁱvællinnayn) around 5 p.m. However, restaurants continue serving evening meals until late and it is possible to have dinner in a restaurant quite late in the evening, for example after a visit to the theatre or cinema.

Finnish cuisine *Suomalainen keittiö*

Finnish cuisine is a mixture of Scandinavian, European and Russian cooking. The staple diet consists of various potato and meat dishes. Milk is the traditional drink with meals and there are many Finnish dishes in which milk is a prominent ingredient. Pickled and smoked fish is a speciality and there are numerous types of these. Finnish bread is delicious and there is an endless variety. Very dark, sour rye bread is very popular in Finland.

Wild mushrooms and fresh wild berries are widely used. Try
sienisalaatti (s**'ayni**sah**laatti**), a salad of wild mushrooms in
sour cream. A bright red jam, *puolukkahillo* (**poa**lookka**hill**oa),
made of uncooked lingonberries which grow wild in the
Finnish forests, is a regular accompaniment to meat dishes.

Savoury pasties are another Finnish delicacy. Try *kaalipiirakka*
(**kaalipee**rahkah) made with cabbage and minced meat, or
karjalanpiirakka (**kahr**yahlahn**pee**rahkkah) which is a tradi-
tional Carelian delicacy often served with chopped cooked egg
mixed with a knob of butter. Smoked reindeer meat, which
resembles venison but is slightly stronger, is a speciality from
Lapland.

Mitä saisi olla?	What would you like?
Suosittelen tätä.	I recommend this.
Mitä haluaisitte juoda?	What would you like to drink?
Meillä ei ole...	We don't have...
Ottaisitteko...?	Would you like...?

Hungry? *Nälkäinen?*

I'm hungry/I'm thirsty.	**Olen nälkäinen/ Olen janoinen.**	oalayn nælkæinayn/oalayn yahnoa'nayn
Can you recommend a good restaurant?	**Voitteko suositella hyvää ravintolaa?**	voa'sittaykoa s°°sittayllah hewvǣ rahvintoalaa
Are there any inexpensive restaurants around here?	**Onko täällä|päin edullista ravinto- laa?**	oankoa tǣllæpæin aydoollistah rahvintoalaa

If you want to be sure of getting a table in a well-known
restaurant, it may be better to book in advance.

I'd like to reserve a table for 4.	**Varaisin pöydän neljälle.**	vahrahisin p"'ewdæn naylʲjællay
We'll come at 8.	**Tulemme kello 8.**	toolaymmay kaylloa kahhdayksahn

Could we have a table...?	Voimmeko saada...?	voa'mmaykoa saadah
in the corner	nurkka|pöydän	noorkkahp"ewdæn
by the window	ikkuna|pöydän	ikkoonahp"ewdæn
outside	pöydän ulkoa	p"ewdæn oolkoaah
on the terrace	pöydän terassilta	p"ewdæn tayrahssiltah
in a non-smoking area	pöydän savuttomalta alueelta	p"ewdæn sahvoottoamahltah ahlooāÿltah

Asking and ordering *Kysyminen ja tilaaminen*

Waiter/Waitress!	Tarjoilija!	tahryoa'liyah
I'd like something to eat/drink.	Haluaisin jotain syötävää/juotavaa.	hahlooah'sin yoatahin sew""tævǣ/y°°oatavaa
May I have the menu, please?	Saisinko ruoka|listan.	sah'sinkoa r°°oakahlistahn
Do you have a set menu/local dishes?	Onko teillä vakio|listaa/paikallisia erikoisuuksia?	oankoa tay'llæ vahkioalistaa/ pah'kahllissiah ayrikoa'sōōksiah
What do you recommend?	Mitä suosittelisitte?	mittæ s°°oasittaylissittay
Do you have anything ready quickly?	Onko teillä jotakin nopeasti valmista?	oankoa taillæ yoatahkin noapayahsti vahlmisstah
I'm in a hurry.	Minulla on kiire.	minnoollah oan keeray
I'd like...	Saisinko...	sah'sinkoa
Could we have a/an..., please?	Voisimmeko saada...?	voa'simmaykoa saadah
ashtray	tuhka|kupin	toohhkahkoopin
cup	kupin	koopin
fork	haarukan	haarookahn
glass	lasin	lahsin
knife	veitsen	vay'tsayn
napkin (serviette)	lautas|liinan	lah°°tahsleenahn
plate	lautasen	lah°°tahsayn
spoon	lusikan	loossikkahn
May I have some...?	Voisinko saada...?	voa'sinkoa saadah
bread	leipää	lay'pǣ
butter	voita	voa'tah
lemon	sitruunaa	sitrōōnaa
oil	öljyä	urlyewæ

pepper	**pippuria**	**pip**pooriah
salt	**suolaa**	s°°oalaa
seasoning	**mausteita**	mah°°stay'tah
sugar	**sokeria**	soakayriah
vinegar	**viini|etikkaa**	veeniayttikkaa

Special diet *Erikois\|ruoka\|valio*

Some useful expressions for those with special requirements:

I'm on a diet.	**Olen dieetillä.**	oalayn d'aytillæ
I'm a vegetarian.	**Olen kasvis|syöjä**	oalayn kahsvissew"'yæ
I don't drink alcohol.	**En juo alkoholia.**	ayn y°°oa ahlkoahoaliah
I don't eat meat.	**En syö lihaa.**	ayn sew'' lihaa
I mustn't eat food containing...	**En voi syödä ruo-kaa, jossa on...**	ayn voa' **sew''**dæ **r**°°oakaa yoassah oan
flour/fat	**jauhoa/rasvaa**	yah°°hoaah/rahsvaa
salt/sugar	**suolaa/sokeria**	s°°oalaa/soakayriah
Do you have... for diabetics?	**Onko teillä... dia-beetikoille?**	oankoa tay'llæ...diahbātikkoa'llay
cakes	**kakkuja**	kahkkooyah
fruit juice	**hedelmä|mehua**	haydaylmæmayhooah
a special menu	**erikois|ruoka|listaa**	ayrikkoa'sr°°oakahlistah
Do you have any vegetarian dishes?	**Onko teillä kasvis|syöjän annoksia?**	oankoa tay'llæ kahsvissew"'yæn ahnnoaksiah
Could I have... instead of dessert?	**Voisinko saada...-a jälki|ruoan asemasta?**	voa'sinkoa saadah...-a yælkirr°°aahn **asay**mahstah
Can I have an artificial sweetener?	**Voinko saada makeutus|ainetta?**	voa'nkoa saadah mahkayootoosah'nayttah

And ...

I'd like some more.	**Saisinko vähän lisää.**	sah'sinkoa væhæn lissāē
Can I have more..., please?	**Saisinko lisää...-a, kiitos.**	sah'sinkoa lissāē...-a keetoass
Just a small portion.	**Vain pieni annos.**	vah'n p'ayni ahnnoass
Nothing more, thanks.	**Kiitos, riittää.**	keetoass riittāē
Where are the toilets?	**Missä ovat WC:t?**	missæ oavaht vāysāyt

What's on the menu? *Mitä on (ruoka)|listalla?*

During the summer many restaurants offer a tourist menu. Known as the *Finland Menu*, it features a selection of typical dishes. There are three price categories which vary according to the establishment.

Under the headings below you'll find alphabetical lists of dishes that might be offered on a Finnish menu with their English equivalents. You can simply show the book to the waiter. If you want some fruit for example, let *him* point to what's available on the appropriate list. Use pages 36 and 37 for ordering in general.

Reading the menu *Ruoka|listan luku*

Talon erikoisuudet	Specialities of the house
Paikkakunnan erikoisuuksia	Local specialities
Päivän tarjous/annos	Dish of the day
... tapaan	... style
Kotitekoista	Home-made
Valintanne mukaan	Of your choice
Vuodenajan erikoisuudet	In season

alku|paloja	ahlkoopahloayah	appetizers
hampurilaisia	hahmpoorillahˡsia	burgers
hedelmiä	haydaylmiæ	fruit
juomat	yᵒᵒamaht	beverages
jälkiruokia	yælkirrᵒᵒoakiah	desserts
jäätelöä	yǣtaylˡᵘʳæ	ice cream
kalaa	kahlaa	fish
kanaa	kahnaa	chicken
keittoja	kayˡttoayah	soups
lintua	lintᵒᵒah	poultry
muna|ruokia	moonahrᵒᵒoakiah	egg dishes
olut	oaloot	beer
pasta	pahstah	pasta
riistaa	reestaa	game
salaatteja	sahlaattayyah	salads
vihanneksia	vihahnnayksiah	vegetables
viinit	veenit	wine
väli|palaa	vælipahlaa	snacks
väli|ruokia	vælirrᵒᵒoakiah	entrees
äyriäisiä	æᵉʷʷriæissiæ	seafood

Breakfast *Aamiainen*

A Finnish breakfast is a hearty meal usually consisting of coffee or tea with bread, butter and cheese, cold meats and sometimes eggs or perhaps porridge. Most hotels can also provide an English or American breakfast.

I'd like breakfast, please.	**Saisinko aamiaisen.**	sah'sinkoa **aa**miah'ssayn
I'll have a/an/some ...	**Ottaisin...**	oattah'sin.
bacon and eggs	**pekonia ja munia**	paykoaniah yah **moo**niah
boiled egg	**keitetyn munan**	kay'taytewn **moo**nahn
soft/hard	**kovaksi/pehmeäksi**	koavahksi/**payh**mayæksi
cereal	**hiutaleita**	hi°°tahlay'tah
eggs	**munia**	**moo**niah
fried eggs	**paistettuja munia**	pah'stayttooyah **moo**niah
scrambled eggs	**muna|kokkelia**	**moo**nahkoakkayliah
poached eggs	**hyydytettyjä munia**	hew̄dewtayttewyæ **moo**niah
fruit juice	**hedelmä|mehua**	haydaylmæmayhoo
grapefruit	**greippi|mehua**	grayppimayhoo
orange	**appelsiini|mehua**	appaylseenimayhoo
ham and eggs	**kinkkua ja munia**	kinkkooah yah **moo**niah
jam	**hilloa**	**hill**oah
marmalade	**marmelaadia**	mahrmaylaadiah
toast	**paahto|leipää**	paahtoalay'p̄æ
yoghurt	**jogurttia**	yoagoorttiah
May I have some...?	**Voinko saada vähän...**	voa'nkoa saadah væhæn
bread	**leipää**	lay'p̄æ
butter	**voita**	voa'tah
(hot) chocolate	**kaakaota**	kaakahoatah
coffee	**kahvia**	**kahh**viah
decaffeinated	**kafeiinitonta**	kahfayeenitoantah
black/with milk	**mustana/maidon kanssa**	**moos**tahnah/**mah**'doan **kans**sah
honey	**hunajaa**	**hoo**nahjaa
milk	**maitoa**	**mah**'toa
cold/hot	**kylmää/kuumaa**	kewlm̄æ/**koo**maa
pepper	**pippuria**	**pip**pooriah
rolls	**sämpylöitä**	**sæ**ampewlur'tæ

salt	suolaa	s°°oalaa
tea	teetä	tāytæ
with milk	maidon kanssa	mah'doan kahnssah
with lemon	sitruunan kanssa	sitrōōnahn kahnssah
(hot) water	(kuumaa) vettä	kōōmaa vayttæ

Seisova pöytä

Finland also has its own variation of the Swedish *smörgåsbord* known as *seisova pöytä*. This is a sumptuous do-it-yourself stand-up cold buffet. Also common in Finland is *voi|leipä|pöytä* which literally means 'bread and butter table'.

This buffet can consist of 50 or more different dishes! You can choose it either as a first course or as a fixed-price complete meal, in which case the only limit on the number of trips you make to the serving table is your own capacity.

The meal is often divided into three phases. The first plateful consists of fish, the second of cold meats and the third of hot foods such as meatballs and casseroles. In addition there are salads, cheese, fruit, several types of bread, milk or buttermilk and beer, all included in the price.

Starters (Appetizers) *Alkuruokia*

Pickled or smoked fish, smoked fish roe, smoked reindeer meat and wild mushrooms are the starters which give a regional flavour to a Finnish meal.

I'd like an appetizer.	Ottaisin jotain alku|ruokaa.	oattah'sin yoatah'n ahlkoor°°oakaa
What would you recommend?	Mitä suositteli-sitte?	mittæ s°°oasittaylissittay
anjovista	ahnyoavisstah	anchovies
katka|rapua	kahtkahrahpooah	shrimp
kaviaaria	kahv'aariah	caviar
keittoja	kay'ttoayah	soup
kinkkua	kinkkooah	ham
leikkeleitä	lay'kkaylaytæ	cold meats

lohta	loahtah	salmon
makkaraa	mahkkahraa	sausage
mätiä	mætiæ	roe
parsaa	pahrsaa	asparagus
poron|kieltä	poaroank'ayltæ	reindeer tongue
poron|lihaa	poaroanlihaa	reindeer meat
rapuja	rahpooyah	crayfish
salaattia	sahlaattiah	salad
sardiineja	sahrdeenayyæ	sardines
silakoita	sillahkoa'tah	Baltic herring
savu|silakoita	sahvoosillahkoa'tah	smoked Baltic herring
silliä	silliæ	salted herring

Soups and stews *Keittoja ja muhennoksia*

A steaming hot bowl of soup is a perfect dish in winter, particularly after skiing or skating, as it warms up the whole body. Thick pea soup with cubed fatty pork *hernekeitto* (**hayrnaykay'tt**oa) is traditionally served on Shrove Tuesday. *Kesäkeitto* (**kay**ssae**kay'tt**oa) - 'summer soup' is another Finnish speciality which is most often served in summertime, as its name indicates. This soup is made of fresh summer vegetables stewed in milk, the main ingredient being cauliflower.

I'd like some soup.	Haluaisin (jotain) keittoa.	hahlooah'sin (yoatah'n) kay'ttoah
artisokka|keitto	ahrtisoakkahkay'ttoa	artichoke soup
(herkku|)sieni|keitto	(hayrkkoo) s'aynikay'ttoa	mushroom soup
herne|keitto	hayrnaykay'ttoa	pea soup
härän|häntä|liemi	hæːrænhæntæl'aymi	oxtail soup
juusto|keitto	yōostoakay'ttoa	cheese soup
kaali|keitto	kaalikay'ttoa	cabbage soup
kala|keitto	kahlahkay'ttoa	fish soup
kana|keitto	kahnahkay'ttoa	chicken soup
kukka|kaali|keitto	kookkahkaalikay'ttoa	cauliflower soup
liha|keitto	lihhahkay'ttoa	meat stew
mustikka|keitto	mustikkahkay'ttoa	whortleberry soup
parsa|keitto	pahrsahkay'ttoa	asparagus soup
pinaatti|keitto	pinnaattikay'ttoa	spinach soup
raparperi|keitto	rahpahrpayrikay'ttoa	rhubarb soup
tomaatti|keitto	toamaattikay'ttoa	tomato soup
vihanes|keitto	vihahnnayskay'ttoa	vegetable soup

Salads *Salaatteja*

hapan|kaali|salaatti	hahpahnkaalisahlaatti	sauerkraut salad
kaali-puolukka| salaatti	kaalip°°oalookkah sahlaatti	cabbage and lingonberry salad
rosolli	roasoalli	beetroot salad with salt herring
savu|silakka|salaatti	sahvoosilahkkah sahlaatti	salad with smoked Baltic herring

Egg dishes *Muna\|ruokia*

I'd like an omelet.	**Haluaisin munak-kaan.**	hahlooah¹sin moonahkkaan
hyydytetty muna	hēwdewtayttew moonah	poached egg
keitetty muna	kay¹tayttew moonah	boiled egg
kovaksi	koavahksi	hard
pehmeäksi	payhmayæksi	soft
munakas	moonahkahs	omelet
hillo|munakas	hillooamoonahkahs	cheese omelet
juusto-munakas	yōostoamoonahkahs	ham omelet
kinkku|munakas	kinkkoomoonahkahs	bacon omelet
pekoni|munakas	paykoanimoonahkas	jam omelet
peruna|munakas	payroonahmoo-nahkahs	potato omelet
sieni|munakas	s¹aynimoonahkahs	mushroom omelet
muna|kokkeli	moonahkoakkayli	scrambled eggs
paistettu muna	pah¹stayttoo moonah	fried egg

Fish and seafood *Kalaa ja äyriäisiä*

With all its lakes, and the Baltic, you'd think Finland would be a land of fish fanciers. Surprisingly, the average Finn eats little fish except for Baltic herring. Restaurants, though, nearly always offer interesting dishes like smoked whitefish or salmon. An excellent lake fish is *muikku*, mainly eaten in the province of Savo.

| I'd like some fish. | **Haluaisin (jotain) kalaa.** | halooah'sin (yoatah'n) kahlaa |
| What kind of seafood do you have? | **Mitä äyriäisiä teillä on?** | mittæ æ^{ew}riæ'ssiæ **tay'**llæ oan |

ahven	**ahh**vayn	perch
anjovis	**ahn**yoavis	anchovies
ankerias	**ahn**kayriahss	eel
hauki	ha°°ki	pike
hummeri	**hoom**mayri	lobster
kampela	kahm**pay**lah	flounder
katka|rapu	**kaht**kahrahpoo	shrimp
kaviaari	kah**viaari**	caviar
kilo|haili	killoahah'li	sprats
kirjo|lohi	kiryoa**loa**hi	rainbow trout
kolja	**koal**yah	haddock
kuha	**koo**hah	pike perch
lahna	**lahh**nah	bream
lohi	**loa**hi	salmon
made	**mah**day	burbot
makrilli	mah**kril**li	mackerel
meri|antura	mayriahn**toorah**	sole
muikku	**moo'k**koo	vendace
muste|kala	**moos**taykahlah	cuttlefish
mäti	**mæ**ti	roe
nahkiainen	**nahh**kiah'nayn	lamprey
osterit	**oas**tayri	oysters
pikku|silli	**pik**koosilli	whitebait
puna|kampela	poonah**kahm**paylah	plaice
rapu	**rah**poo	crayfish
sampi	**sahm**pi	sturgeon
sardiinit	sahr**deen**it	sardines
siika	**see**kah	whitefish
silakka	**sil**lahkkah	Baltic herring
silli	**sil**li	herring
sini|simpukat	**sin**nisimpookaht	mussels
särki	**sær**ki	roach
taimen	**tah'**mayn	trout
tonni|kala	**toan**nikahlah	tuna
turska	**toor**skah	cod

baked	**uunissa paistettu**	**ōōnissah pah'stayttoo**
fried	**paistettu**	**pah'stayttoo**
grilled	**grillattu**	**grillahttoo**
marinated	**marinoitu**	**mahrinoa'too**
poached	**keitetty**	**kay'tayttew**
sautéed	**ruskistettu/käristetty**	**rooskistayttoo/**
		kæristayttew
smoked	**savustettu**	**sahvoostayttoo**
steamed	**höyryssä keitetty**	**hur^{ew}rewssæ kay'tayttew**

Fish dishes *Kala|ruokia*

Janssonin kiusaus
(**yahnss**soanin
ki°°sah°°ss)
'Jansson's temptation'; sliced potatoes, onions and anchovies in cream sauce, baked in the oven

kala|kukko
(**kahlahkook**koa)
'fish loaf'; sort of loaf of dark bread with *muikku* (sometimes perch) and pork inside and baked in the oven; speciality of the province of Savo

kulibjaka
(**koo**libyahkah)
a savoury pie filled with salmon, rice, hard-boiled eggs and dill, served in slices with melted butter

lasi|mestarin silli
(**lahs**imays**tah**rin **sil**li)
'glass master's herring'; pickled herring with spices, vinegar, carrot and onion

lipeä|kala
(**lip**payæ**kah**lah)
a Christmas speciality; codfish soaked in lye solution, boiled and served with a white sauce

lohi|laatiko
(**loah**i**laa**tikkoa)
a potato and salmon casserole, baked in the oven

**mateen|mäti ,
muikun|mäti**
(**mah**tāȳn**mæt**i
moo'koonmæti)
roe from burbot or whitefish, seasoned with onion; often accompanies *bliny* (small pancakes)

silaaka|laatikko
(**sil**lahk**kah**laatikkoa)
casserole made of alternating layers of potato slices, onion and Baltic herring, with an egg and milk sauce, baked in the oven

suutarin|lohi
(**sōō**tahrin**loah**i)
'cobbler's salmon'; marinated Baltic herring in vinegar with onion and peppers

venäläinen silli
(**vayn**ælæ'nayn **sil**li)
'Russian herring'; herring fillets with mayonnaise, mustard, vinegar, beetroot, gherkins and onion

Meat *Liha|ruokia*

You'll find most of the familiar meat dishes in Finland, with pork predominating. You'll also meet some exciting novelties: roast elk or reindeer from Lapland, or even bear (mostly imported from Russia).

What kind of meat do you have?	**Mitä liha|ruokia teilä on?**	mittæ lihahr°°oakiah tay'llæ oan
beef	**naudan|lihaa**	nah°°dahnlihaa
lamb	**lammasta**	lahmmahstah
pork	**porsaan|lihaa**	poarsaanlihaa
veal	**vasikan|lihaa**	vahsikkahnlihaa
filee	filay	fillet
hirven|liha	hirvaynlihah	elk
härän|häntä	hærænhæntæ	oxtail
jauheliha|pihvi	yah°°haylihahpihvi	beefburger
kani	kahni	rabbit
karhun|paisti	kahrhoonpah'sti	bear steak
kieli	k'ayli	tongue
kinkku	kinkkoo	gammon
kyljys/kotletti	kewlyews/koatlaytti	chop/cutlet
lammasta	lahmmahstah	mutton
(lampaan) jalka	(lahmpaan) yahlkah	leg (of lamb)
leike	lay'kay	escalope
liha|pyörykät	lihahpew°°rewkæt	meatballs
makkara	mahkkahrah	sausage
maksa	mahksah	liver
munuaiset	moonooah'sayt	kidneys
nakit	nahkit	frankfurters
paisti	pah'sti	sirloin
pekoni	paykoani	bacon
pihvi	pihvi	steak
poron|liha	poaroanlihah	reindeer meat
(savustettu) kinkku	(sahvoostayttoo) kinkkoo	(smoked) ham

baked	uunissa paistettu	ōōnissah pah'stayttoo
barbecued	pariloitu	pahriloa'too
boiled	keitetty	kay'tayttew
braised	haudutettu	hah°°dootayttoo
fried	paistettu	pah'stayttoo
grilled	grillattu	grillahttoo
roast	paahdettu	paahdayttoo
sautéed	ruskistettu/käristetty	roooskistayttoo/ kæristayttew
stewed	muhennokseksi keitetty	moohaynnoaksayksi kay'tayttew
very rare	vain vähän paistettu	vah'n væhæn pah'stayttoo
underdone (rare)	puoli|kypsä	p°°oalikewpsæ
medium	keski-kypsä	kayski-kewpsæ
well-done	hyvin/kypsäksi paistettu	hewvin/kewpsæksi pah'stayttoo

Meat specialities Liha|erikoisuuksia

joulu|kinkku
(yoa°°lookinkkoo)

Christmas ham; whole ham served as the traditional Finnish Christmas dish with various stews, e.g. *lanttulaatikko*, rutabaga casserole or *porkkanalaatikko*, carrot casserole, peas, plums, etc.

kaali|kääryleet
(kaalikǣrewlāyt)

cabbage rolls; cabbage leaves stuffed with minced meat and rice

kaali|piirakka
(kaalipeerahkkah)

pie made with cabbage and minced meat

karjalan|paisti
(kahryahlahnpah'sti)

'Carelian stew'; beef, pork and sometimes mutton with allspice

lammas|kaali
(lahmmahskaali)

stew or soup made with mutton and cabbage

Lindströmin pihvi
(lindstrurmin pihvi)

beefburger made with beetroot, served with fried onions and a piquant cream sauce

maksa|laatikko (mahksahlaatikkoa)		baked liver purée made with rice and raisins
meri|mies|pihvi (mayrim'ayspihvi)		'seaman's beef'; casserole of alternate layers of potato slices and meat patties (or minced meat), baked in the oven
pala|paisti (pahlahpah'sti)		beef ragout
pipar|juuri|liha (pippahyoorilihah)		boiled beef with horseradish sauce
poron|käristys (poaronkæristewss)		sautéed reindeer stew, a Lapp speciality
veri|ohukaiset (vayrioahookah'sayl)		thin pancakes made with blood, eaten with lingonberry jam
wienin|leike (veeninlay'kay)		veal cutlet, breaded and fried (wiener schnitzel)

Game and Poultry *Riistaa ja lintua*

Finland is noted for its game birds but you may consider the prices high.

ankka	ahnkkah	duck
fasaani	fahsaahni	pheasant
hanhi	hahnhi	goose
hirvi	hirvi	venison
jänis	yænia	hare
kalkkuna	kahlkkoonah	turkey
kana	kahnah	chicken
rinta/koipi/siipi	rintah/koa'pi/seepi	breast/leg/wing
grillattu kana	grillahttoo kahnah	barbecued chicken
pelto|pyy	payltoapew	partridge
teeri	tayri	grouse
villi|sika	villisikah	wild boar

Vegetables *Vihanneksia*

artisokka	**ahr**tisoakkah	artichokes
avokado	**ah**voakahdoa	avocado
endive	**ayn**divay	endive (chicory)
espanjan|pippuri	**ays**pahnyahn**pip**poori	chili
herneet	**hayr**nāyt	peas
kaali	**kaa**li	cabbage
kastanja	**kah**stahnyah	chestnuts
kesäkurpitsa	**kay**sækoorpitsah	courgette (zucchini)
kukka|kaali	**kook**kahkaali	cauliflower
kurkku	**koork**koo	cucumber
kurpitsa	**koor**pitsah	pumpkin (squash)
lanttu	**lahn**ttoo	swede (rutabaga)
lehti|salaatti	**layh**tisahlaatti	lettuce
linssit	**lins**sit	lentils
maissi	**mah**'ssi	(sweet) corn
muna|koiso	**moo**nahkoa'soa	aubergine (eggplant)
nauriit	**nah**°°reet	turnips
parsa	**pahr**sah	asparagus (tips)
parsa|kaali	**pahr**sakaali	broccoli
pavut	**pah**voot	beans
perunat	**pay**roonaht	potatoes
pinaatti	**pin**naatti	spinach
pippuri	**pip**poori	(sweet) peppers
vihreä/punainen	vih**ray**æ/ poonah'**nay**n	green/red
porkkanat	**poark**kahnaht	carrots
puna|juuri	**poo**nahy**ōō**ri	beetroot
purjo(|sipuli)	(**poor**yoa(**sip**pooli)	leeks
retiisit	**ray**teesit	radishes
ruusu|kaali	**rōō**sookaali	Brussels sprouts
(saksan|)kumina	(**sahk**sahn)**koo**minah	fennel
seka|vihanneket	**say**kahvihahnaykayt	mixed vegetables
selleri	**sayl**layri	celery
sieni	**s**'ayni	mushrooms
sipulit	**sip**poolit	onions
tomaatit	**toa**maatit	tomatoes

lanttu|laatikko
(**lahntt**oolaatikkoa)
swede casserole; a Christmas speciality - mashed swede baked in the oven, served with Christmas ham

porkkana|laatikko
(**poarkk**ahnah**laat**ikkoa)
carrot casserole; mashed carrots and rice baked in the oven

peruna|laatikko
(**pay**roonah**laat**ikkoa)
potato bake

makaroni|laatikko
(**mah**kahroani**laat**ikkoa)
macaroni bake with milk and egg sauce

pinaatti|ohukaiset
(**pi**nnaattioahookah'sayt)
spinach pancakes

porkkana|ohukaiset
(**poarkk**ahnahoa hookah'sayt)
carrot pancakes

kesä|keitto
(**kay**ssae**kayt**toa)
cauliflower and milk soup

Sauces *Kastikkeita*

etika	**ay**tikkah	vinegar
herkku|sieni|kastike	**hayrk**koos'ayni-**kahs**tikkay	mushroom sauce
juusto|kastike	**yōōs**toa**kahs**tikkay	cheese sauce
kastike	**kahs**tikkay	sauce
liemi	l'aymi	broth
majoneesi	**mah**yoanāyssi	mayonnaise
ranskalainen saalatti|kastike	**rahns**kahlah'nayn sah**laat**ti**kahs**tikkay	French dressing
ruskea kastike	**roos**kayah **kahs**tikkay	brown sauce
sian|liha|kastike	**siah**nliha**kahs**tikkay	gravy prepared wth sliced pork
tomaatti|kastike	**toa**maatti**kahs**tikkay	tomato sauce
valko|kastike	**vahl**koa**kahs**tikkay	white sauce
öljy|kastike	**url**yew**kahs**tikkay	oil sauce

Herbs and spices *Yrttejä ja mausteita*

anis	ah nis	aniseed
basilika	**bah**silikah	basil
inkivääri	**inki**vǟri	ginger
kaneli	**kah**nayli	cinnamon
kumina	**koo**minah	caraway
laakerin lehti	**laah**kayrin**lay**hti	bay leaf
meirami	**may**'rahmi	marjoram
minttu	**minn**ttoo	mint
muskotti	**moos**koatti	nutmeg
oregano	**oaray**gahnoa	oregano
paprika	**pap**rikah	paprika
persilja	**payr**silyah	parsley
pipar|juuri	**pipahr**yoori	horseradish
pippuri	**pip**poori	pepper
rakuuna	**rah**koonah	tarragon
ros|mariini	**ross**mahreeni	rosemary
ruoho|laukka	r^{oo}oahoalah^{oo}kkah	chives
salvia	**sahl**viah	sage
sinappi	**sin**ahppi	mustard
suola	s^{oo}oalah	salt
tilli	**til**li	dill
tinjami	**tin**yahmi	thyme
valko|sipuli	**vahl**koasipooli	garlic
yrtti|sekoitus	**ewrtt**isaykoa'toos	mixed herbs

To follow... *Jatko*...

Cheese *Juustoa*

Most Finns eat cheese at breakfast, cut in thin slices, or with the main course, not as a dessert. However, the custom of eating cheese after a meal is spreading. The fine cheeses of Finland are comparable to French or Swiss cheese, which they often resemble. Try some:

Aura (ah^{oo}rah)	blue veined, strong cheese of the Roquefort type
Hovi (hoavi)	mild, soft cheese, similar to petit-suisse
Emmental (aymmmayntahl)	Finnish emmental (*tahko|juusto*) reminiscent of the Swiss cheese, in mild and strong varieties

Edam	the most common cheese in Finland, not
(aydahm)	unlike Dutch Edam
Juhla	hard cheese with a strong flavour, along the
(yoohlah)	lines of Cheddar
Kappeli	soft, creamy cheese with a strong flavour
(kahppayli)	
Kartano	cheese resembling Gouda, though milder
(kahrtahnoa)	
Kesti	strong carraway-flavoured cheese
(kaysti)	
Kreivi	strong cheese of the Tilsit type
(kray'vi)	
Luostari	soft cheese with a delicate flavour, in the syle
(l°°oastahri)	of Port-Salut
Turunmaa	mild, creamy cheese
(tooroonmaa)	

Fruit and nuts *Hedelmiä ja pähkinöitä*

| Do you have any fresh fruit? | **Onko teillä tuoreita hedelmiä?** | oankoa tay'llæ t°°oarayitah haydaylmiæ |
| I'd like a (fresh) fruit cocktail. | **Haluaisin (tuore|) hedelmä|cocktailin.** | hahlooah'sin (t°°oaray) haydaylmækoaktah'lin |

ananas	**ahnahnahss**	pineapple
appelsiini	**ahppaylseeni**	orange
aprikoosi	**ahprikkōassi**	apricots
banaani	**bahnaani**	banana
greippi	**gray'ppi**	grapefruit
hassel-pähkinät	**hahssaylpæhkinæt**	hazelnuts
karviais|marjat	**kahrviah'smahryaht**	gooseberries
kastanjat	**kahstahnyaht**	chestnuts
kirsikat	**keersikkaht**	cherries
kookos|pähkinä	**kōakoaspæhkinæ**	coconut
kuivatut hedelmät	**koo'vahttoot haydaylmæt**	dried fruit
kuivatut luumut	**koo'vahttoot lōomoot**	prunes
limetti	**limaytti**	lime
luumut	**lōomoot**	plums
maa|pähkinät	**maahpæhkinnæt**	peanuts
mandariini	**mahndahreeni**	tangerine
mansikat	**mahnsikkaht**	strawberries

mantelit	**mahn**taylit	almonds
meloni	**may**loani	melon
musta viini|marjat	**moos**tah **veeni**mahryaht	blackcurrants
nektariini	**nayk**tahreeni	nectarine
omena	**oa**maynah	apple
persikka	**payr**sikkah	peach
päärynä	**pǣ**rewnæ	pear
raparperi	**rah**pahrpayri	rhubarb
rusinat	**roo**ssinaht	raisins
saksan|pähkinät	**sahk**sahn**pæh**kinæt	walnuts
sitruuna	**sit**rōōnah	lemon
sulttaani-rusinat	**soolt**taanirōo**sinaht**	sultanas
taatelit	**taa**taylit	dates
vadelmat	**vah**daylmaht	raspberries
vesi|meloni	**vayssi**mayloani	water melon
viikunat	**vee**kōonaht	figs
viini|rypäleet	**vee**nirewpælāyt	grapes

Finns are keen on berries. A few species are found nowhere else; others are more common berries, widely appreciated.

lakka (**lahk**kah)	Arctic cloudberry; yellow berry growing on the marshes in northern Finland, regarded as the 'queen of berries' in Finland, used in desserts and for making *Lakka* liqueur
karpalo (**kahr**pahloa)	cranberry; also used for making *Polar* liqueur
mesi|marja (**mayssi**mahryah)	Arctic bramble; *Mesimarja* liqueur is well known
mustikka (**moos**tikkah)	bilberry, or whortleberry; one of the commonest berries in Finland, used for a variety of desserts and pastries
puolukka (**p°°oa**lookkah)	lingonberry; used for many desserts and often served as jam or jelly with meat dishes

Desserts—Pastries *Jälki|ruokia—Leivonnaisia*

The most popular Finnish desserts are fruit soups (*kiisseli—*
keessayli), pancakes, and ice-cream. Pies and pastries are
usually eaten at coffee time, not as dessert. And as for
puddings, Finns just don't care for them.

I'd like a dessert, please.	**Haluaisin jälkiruokaa.**	**hah**looah'sin **yæ**lkir°°oakaa
What do you recommend?	**Mitä suosittelette?**	**mitt**æ s°°oassittaylayttay
Something light, please.	**Jotain kevyttä, kiitos.**	**yo**atah'n **kay**vewttæ **kee**toass
Just a small portion.	**Vain pieni annos.**	vah'n p'ayni **ahn**noass

jäätelö	**yǣ**taylur	ice-cream
mansikka	**mahn**sikkah	strawberry
suklaa	**soo**klaa	chocolate
vadelma	**vah**daylmah	raspberry
vanilja	**vah**nilyah	vanilla
kakku	**kahk**koo	cake
hedelmä|kakku	**hay**daylmæ**kahk**koo	fruit cake
sokeri|kakku	**so**akayri**kahk**koo	sponge cake
suklaa|kakku	**soo**klaa**kahk**koo	chocolate cake
täyte|kakku	**tæ**ᵉʷtay**kahk**koo	layer cake
kerma|vaahto	**kayr**mah**vaah**toa	whipped cream
kohokas	**koa**hoakahss	soufflé
leivos	**lay**'voass	pastry
marengit	**mah**rayngit	meringues
ohukaiset	**oa**hookah'sayt	small pancakes
omena|piirakka	**oa**maynah**pee**rahkah	apple pie
omena|torttu	**oa**maynah**toart**too	apple tart
suklaa|kastike	**soo**klaa**kahs**tikkay	chocolate sauce
torttu	**toart**too	tart
vaahto	**vaah**toa	mousse
vanilja|kastike	**vah**nilyah**kahs**tikkay	custard
vanukas	**van**nookahss	pudding
vohvelit	**voah**vaylit	waffles

kiisseli (**kees**sayli)	dish made of any fruit or berries and their juice, thickened with potato flour, usually served cold, often with sugar and/or cream and milk
köyhät ritarit (**kur**^{ew}hæt **ri**ttahrit)	'poor knights'; dough soaked in milk and then fried, served with jam, berries and whipped cream
luumu|keitto (**lōō**mookayⁱttoa)	prune soup; dessert soup made with prunes and thickened with potato flour, served cold or hot
mustikka|keitto (**moos**tikkah**kay**ⁱttoa)	bilberry soup
mustikka|piirakka (**moos**tikkah**pee**rahkkah)	bilberry pie
mämmi (**mæm**mi)	an Easter speciality; made of rye-malt, rye meal, treacle, sugar and orange peel, served cold with sugar and cream
piimä|piirakka (**pee**mæ**pee**rahkkah)	a pie made with curdled milk, eggs, vanilla and raisins
puolukkapuuro (p^{oo}oalookkah**pōō**roa)	porridge made with semolina and lingonberries, served cold with milk
seka|hedelmä|keitto (**say**kahhaydaylmæ **kay**ⁱttoa)	dessert soup made with prunes and raisins, thickened and served hot or cold

Drinks *Juomia*

Beer *Olut*

Beer has been a part of Finnish culture in some form or another for over 1,000 years. Indeed, Finland's national epic covered the creation of the world in 200 verses but it took 400 verses to describe the invention of beer.

The niceties of Finland's beer classification system may be too complicated for the less enthusiastic drinker. Briefly, category 'A' (Export) beer, often more than five per cent alcohol, is only obtainable at a liquor store or in a licensed restaurant. Weaker beers called I and III are sold at supermarkets. Many foreign lagers, ales and stouts are available at both state liquor stores and supermarkets.

A-olut	ah-**oa**loot	export beer
keskiolut	**kays**kioaloot	medium-strong beer
portteri	**poart**tayri	porter
tumma olut	**toom**maa **oa**loot	dark beer
vehnäolut	**vayh**næoaloot	wheat beer

I'd like a beer.	**Haluaisin oluen.**	**hah**looah'sin **oa**looayn
a dark beer	**tumma olut**	**toom**mah **oa**loot
a light beer	**vaalea olut**	**vaa**layah **oa**loot
a bottle of beer	**pullo olutta**	**pool**loa oa**loot**tah
a draught beer	**tynnyri|olut**	**tewn**newrioa**loot**
half a litre of beer	**puoli litraa olutta**	p°°**oa**li **lit**raa oa**loot**tah
I'll have another.	**Saisinko toisen.**	**sah**'sinkoa **toa**'sayn

KIPPIS
(**kip**piss)
CHEERS

Wine *Viini*

Surprisingly, Finland has a wine industry. Most of the home-grown product is dessert wine. Some cheaper imported wines are bottled in Finland as well. You'll also find a good selection of French, Italian, German, Spanish and other known wines but these are very expensive and only available at the state-run *Alko* stores.

May I please have the wine list?	**Saisinko viini|lis-tan?**	**sah**'sinkoa **vee**nilistahn

I would like a bottle of white/red wine.	**Voisinko saada pullon valko|viiniä/ puna|viiniä.**	voa'sinkoa saadah poolloan vahlkoaveeniæ/ poonahveeniæ
I'd like a glass of...	**Saisinko lasilli- sen...**	sah'sinkoa lahsillissayn
Waiter/waitress, bring me another..., please.	**Tarjoilija, toisitteko minulle toisen..., kiitos.**	tahryoa'liyah toa'sittekoa minnoollay toa'sayn...' keet'toass

red	**puna**	poonah
white	**valko**	vahlkoa
rosé	**rose**	roassāy
sparkling	**kuohu**	k°°oahoo
dry	**kuiva**	koo'vah
sweet	**makea**	mahkayah

musta|herukka|viini	moostahhayrookkah veeni	blackcurrant wine
puna|herukka|viini	poonahhayrookkah veeni	redcurrant wine
omena|viini	oamaynahveeni	apple wine

Schnapps *Snapsi*

This strong colourless spirit, sometimes flavoured, is the traditional accompaniment to appetizers, especially herring. This traditional Scandinavian firewater comes in several varieties:

akvaviitti (**ahk**vahveetti)	aquavit, flavoured with caraway seed; origi- nally Danish, now also made in Finland
Kosken|korva (**koas**kayn**koar**vah)	grain-based unflavoured spirit; fierce and fiery and inexpensive
Pöytä|viina (**pur**ᵉʷ**tæ**veenah)	perhaps the most popular of the cheaper varieties; distilled from grain
vodka (**voad**kah)	competing with Russian and Polish vodka, the Finns make *Dry Vodka* and, in a special bottle, *Finlandia Vodka*

Liqueurs *Likööri*

Karpi
(**kahr**pi)

red liqueur made of different berries and fruit

Lakka
(**lahk**kah)

cloudberry liqueur, dark yellow, full-bodied

Mesi|marja
(**mays**simahryah)

made of Arctic bramble, deep red, rather sweet

Polar
(**poa**lahr)

cranberry liqueur, red, with slightly pungent flavour

Other alcoholic drinks *Muita alkoholi|juomia*

glögi
(**glur**gi)

a heated Christmas and winter drink of berry juice, red wine, almonds, raisins and spices

pontikka
(**poan**tikkah)

illicitly distilled spirit, mountain dew

sahti
(**sahh**ti)

a beer-like home brew with a bitter taste sold legally in certain parts of the province of Häme

I'd like a/an...	**Saisinko**...	**sah**ⁱsinkoa
aperitif	**aperitiivin**	**ah**payritteevin
cognac	**konjakin**	**koan**yahkin
gin	**ginin**	**gin**nin
liqueur	**liköörin**	**lik**kūrrin
rum	**rommin**	**roam**min
vermouth	**vermutin**	**vayr**mootin
vodka	**vodkan**	**voad**kahn
whisky	**viskin**	**vis**kin
neat (straight)	**sekoittamattomana**	**say**koaⁱttah-mahttoamahnah
on the rocks	**jäillä**	**yæil**læ
with a little water	**ja hieman vettä**	yah hⁱaymahn **vayt**tæ
Give me a gin and tonic, please.	**Saisinko gin|ton-icin, kiitos.**	**sah**ⁱsinkoa **gin**toanikin **kee**toass
Just a dash of soda, please.	**Vain tilkka soodaa, kiitos.**	vah**ⁱn tilk**kah **soa**daa **kee**toass

Nonalcoholic drinks *Alkoholittomia juomia*

At mealtimes most Finns prefer to drink milk. Buttermilk (*piimä*—**pee**mæ) is also popular. Beer and mineral water are common too.

Finland is a nation of coffee-drinkers. At any time of day you're likely to see the pot boiling. Coffee (*kahvi*—**kahh**vi) is what is served when Finns invite friends home; coffee parties rather than dinner parties are the rule.

In many restaurants you can also get stronger *espresso* coffee, though it's not necessarily authentic. A glass of iced water is often served with coffee in restaurants.

Tea is also popular but not nearly so fanatically consumed as coffee.

apple juice	**omena|mehu**	oamaynahmayhoo
fruit juice	**hedelmä|mehu**	haydaylmæmayhoo
grapefruit juice	**greippi|mehu**	gray'ppimayhoo
herb tea	**yrtti|tee**	urttitāy
lemon juice	**sitruuna|mehu**	sirōōnahmayhoo
lemonade	**limonaadi**	limmoanaadi
milk	**maito**	mah'to
milkshake	**pirtelö**	peertaylur
mineral water	**mineraali|vesi**	minnayraalivaysi
fizzy (carbonated)	**hiili|happo**	heelihahpoa
still	**hiili|hapoton**	heelihahpoatoan
orange juice	**appelsiini|mehu**	ahppaylseenimayhoo
orangeade	**appelsiini|limonaa-di**	ahppaylseenili-mmoanaadi
tomato juice	**tomaatti|mehua**	toamaattimayhooah
tonic water	**tonic-vesi**	toanikvaysi

sima (**si**mmah)	a usually non-alcoholic home-made or commercially brewed sparkling drink made with brown sugar, lemon, honey (sometimes), hops and yeast; popular around May Day

Hot beverages *Kuumia juomia*

(hot) chocolate	**kaakao**	kaahkahoa
coffee	**kahvi**	kahhvi
black	**mustana**	moostahnah
with cream	**kerman kanssa**	kayrmahn kahnssah
with milk	**maidon kanssa**	mahˈdoan kahnssah
caffeine-free	**kaffeiinitonta**	kahffayeenitoantah
espresso coffee	**espresso-kahvi**	aysprayssoa-kahhvi
tea	**tee**	tāȳ
cup of tea	**kuppi teetä**	kooppi tāȳtæ
with milk/lemon	**maidon/sitruu-**	mahˈdoan/sitrōōnahn
	nan kanssa	kahnssah
iced tea	**jää|teetä**	yǣtāȳtæ

Complaints *Valituksia*

There's a plate/glass missing.	**Yksi lautanen/lasi uupuu.**	ewksi lah°°tahnayn ōōpōō
I don't have a knife/fork/spoon.	**Minulla ei ole veistä/haarukkaa/lusikkaa.**	minoollah ayˈ oalay vayˈstæ/haahrookkaa/lusikkaa
That's not what I ordered.	**Tämä ei ole sitä, mitä tilasin.**	tæmæ ayˈ oalay sittæ mittæ tillahsin
I asked for . . .	**Pyysin . . .**	pēwsin
There must be some mistake.	**On sattunut joku erehdys.**	oan sahttoonoot yoakoo ayrayhdewss
May I change this?	**Voinko vaihtaa tämän?**	voaˈnkoa vahˈtaa tæmæn
I asked for a small portion (for the child).	**Pyysin pientä (lasten) annosta.**	pēwsin pˈaynayn (lahstayn) ahnnoastah
The meat is . . .	**Liha on . . .**	lihah oan
overdone	**yli|kypsää**	ewlikewpsǣ
underdone	**puoli|kypsää**	p°°oalikewpsǣ
too rare	**(liian) raakaa**	(leeahn) raakaa
too tough	**(liian) sitkeää**	(leeahn) sitkayǣ

This is too...	**Tämä on liian...**	tæmæ oan **lee**ahn
bitter/salty/sweet	**kitkerää/suolaista/ makeaa**	kit**kayrææ**/s°°alah'stah/ mah**kay**aa
I don't like this.	**En pidä tästä.**	ayn **pidd**æ **tæst**æ
The food is cold.	**Ruoka on kylmää.**	r°°oakah oan kewl**mææ**
This isn't fresh.	**Tämä ei ole tuo- retta.**	tæmæ ay' oalay t°°ao**ray**ttah
What's taking you so long?	**Miksi tämä kestää näin kauan?**	miksi tæmæ kayst**ææ** næin **kah**°°ahn
Have you forgotten our drinks?	**Oletteko unohtanut juomamme?**	oalayt**tay**koa oonoah**tah**noot y°°oa**mahm**may
The wine doesn't taste right.	**Viinissä ei ole oikea maku.**	**vee**nissæ ay' oalay **oa**'kayah **mah**koo
This isn't clean.	**Tämä ei ole puh- das.**	tæmæ ay' oalay **pooh**dass
Would you ask the head waiter to come over?	**Pyytäisittekö hovimestarin tänne.**	**pew**tæisitt**ay**kur **hao**vimaystahrin **tæn**nay

The bill (check) *Lasku*

I'd like to pay.	**Haluaisin maksaa.**	hah**looah**'sin **mahk**saa
We'd like to pay separately.	**Haluaisimme mak- saa kukin erikseen.**	hah**looah**'mmay **mahk**saa **koo**kin ayrik**sayn**
I think there's a mistake in this bill.	**Tässä laskussa taitaa olla virhe.**	tæssæ lahs**koos**sah tah'taa **oal**lah **veer**hay
What's this amount for?	**Mihin tämä summa liittyy?**	mihin tæmæ **soom**mah **leet**tew
Is service included?	**Sisältyykö tar- joilu|palkkio tähän?**	sissæl**tew**kur **tahr**yoa'loo**pahl**kkioa **tæ**hæn
Is everything included?	**Sisältyykö siihen kaikki?**	sissæl**tew**kur **see**hayn **kah**'kki
Do you accept traveller's cheques?	**Otatteko matka|sekkejä?**	oatat**tay**koa **mahtk**ah**shayk**kayyæ
Can I pay with this credit card?	**Voinko maksaa tällä luotto|kortilla?**	voa'nkoa **mahk**saa **tæl**læ l°°atto**koar**tilla

Please round it up to...	Pyöristäkää se...-n.	p^{ew}urristækæ say ...-n
Keep the change.	Pitäkää vaihto|raha.	pittækæ **vah'h**toarahhah
That was delicious.	Se oli herkullista.	say oali hayrkoollistah
We enjoyed it, thank you.	Kiitos, pidimme siitä kovasti.	**kee**toass piddimmay **see**tæ **koa**vahsti

TARJOILU(\|PALKKIO) SISÄLTYY HINTOIHIN
SERVICE INCLUDED

Snacks—Picnic *Väli\|palat—Piknik*

Open sandwiches are found in all bars, cafés and restaurants. Hot sandwiches are also a popular light snack.

Give me two of these and one of those.	Saisinko kaksi tällaista ja yhden tuollaisen.	**sah'**sinkoa **kahk**si **tæl**lah'stah yah **ewh**dayn t^{oo}oallah'sayn
to the left/right	vasemmalle/ oikealle	**vah**saymmahllay/ **oa**kayahllay
above/below	ylä|puolella/ ala|puolella	**ewl**æp^{oo}ooalayllah/ **ah**lahp^{oo}ooalayllah
It's to take away.	Se tulee mukaan.	say too**lay** mookaan
I'd like a/some...	Saisinko...	**sah'**sinkoa
chicken	kanaa	**kah**naa
half a roasted chicken	puolikkaan grillattua kanaa	p^{oo}oalikkaan **gril**lahttooah **kah**naa
chips (french fries)	ranskalaisia (perunoita)	**rahns**kahlah'siah (payroonoa'tah)
frankfurters	nakkeja	**nahk**kayyah
fried sausage	paistetun makkaran	**pah'**staytoon **mahk**kahrahn
omelet	munakkaan	**moo**nahkkaan

open sandwich	voi|leivän	voa'lay'væn
with ham	kinkku|voi|leivän	kinkkoo voa'lay'væn
with cheese	juusto|voi|leivän	yōostoavoa'lay'væn
piece of cake	palan kakkua	pahlahn kahkkooah
potato salad	peruna|salaattia	payroonahsahlaattiah
sandwich	voi|leivän	voa'lay'væn
scrambled eggs	muna|kokkelia	moonahkoakkayliah
sweetcorn	maissia	mah'ssiah
toasted sandwich	lämpimän voi|lei-vän	læmpimæn voa'lay'væn

kappeli|voi|leipä (**kahp**paylivoa'-lay'pæ)	'chapel sandwich': fried French bread, bacon, topped with a fried egg
ooppera|voi|leipä (**ōā**payrahvoa'-lay'pæ)	'opera sandwich': fried French bread, hamburger patty, egg
muna-anjovis|leipä (**moo**nah-**ahn**yoavis-lay'pæ)	dark bread, slices of hard-boiled egg, anchovy fillets, tomato
silli|voi|leipä (**silli**voa'lay'pæ)	herring sandwich: dark bread, and herring, often egg and tomato

Here's a basic list of food and drink that might come in useful when shopping for a picnic.

I'd like a/an/some...	**Saisinko**	sah'sinkoa
apples	**omenia**	oamayniah
bananas	**banaaneja**	bahnaanayyah
biscuits (Br.)	**keksejä**	kayksayyæ
beer	**olutta**	oaloottah
bread	**leipää**	lay'pǣ

butter	**voita**	**voa**ˈtah
cheese	**juustoa**	**yōōs**toah
chips (Am.)	**peruna|lastuja**	**pay**roonah**lahs**tooyah
chocolate bar	**suklaa|patukan**	**sook**laa**pah**tookahn
coffee	**kahvia**	**kahh**viah
cold cuts	**leikkeleitä**	**lay**ˈkkaylayˈtæ
cookies	**keksejä**	**kayk**sayyæ
crackers	**voi|leipä|keksejä**	**voa**ˈlayˈpæ**kayk**sayyæ
eggs	**munia**	**moo**niah
gherkins (pickles)	**suola|kurkkua**	**s**ᵒᵒ**oalahkoork**kooah
grapes	**viini|rypäleitä**	**vee**nirew**pæ**layˈtæ
ice-cream	**jäätelöä**	**yǣ**tayluræ
milk	**maitoa**	**mah**ˈtoah
mustard	**sinappla**	**sin**nahppiah
oranges	**appelsiineja**	**ahp**paylseenayya
pepper	**pippuria**	**pip**pooriah
rolls	**sämpylöitä**	**sæm**pewlurˈtæ
salt	**suolaa**	**s**ᵒᵒ**oalaa**
sausage	**makkaraa**	**mahk**kahraa
soft drink	**(alkoholittomia) juomia**	**(ahl**koahoalittoamiah) yᵒᵒ**oa**miah
sugar	**sokeria**	**soa**kayriah
tea	**teetä**	**tāy**tæ
yoghurt	**jogurttia**	**yoa**koorttiah

Travelling around

Plane *Lento*

Is there a flight to Ivalo?	**Onko lentoa Ivaloon?**	oankoa **layn**toah ivvah**lo͞a**n
Is it a direct flight?	**Onko se suora lento?**	oankoa say s͞ooarah **layn**toa
When's the next flight to Jyväskylä?	**Milloin on seuraava lento Jyväskylään?**	**mil**loa'n oan say͞o͞oraahvah **layn**toa yewvæskewlǣn
Is there a connection to Kajaani?	**Onko yhteyttä Kajaaniin?**	oankoa ewhhtayᵉʷttæ kahyaahneen
I'd like to book a ticket to Oulu.	**Varaisin lipun Ouluun.**	vah**rah**'sin lippoon oa͞o͞olo͞on
single (one-way)	**meno|lippu**	**may**noalippoo
return (round trip)	**meno|paluu**	**may**noapah**lo͞o**
business class	**business-luokka**	bisnis-l͞ooakkah
aisle seat	**käytävä-paikka**	kæᵉʷtævæ-pah'kkah
window seat	**ikkuna-paikka**	ik**ko͞o**nahpah'kkah
What time do we take off?	**Mihin aikaan kone lähtee?**	mihin ah'kaahn koanay læh**tay͞**
What time should I check in?	**Mihin aikaan minun on ilmoittauduttava?**	mihin ah'kaahn oan ilmoa'ttah͞o͞o**doot**tahvah
Is there a bus to the airport?	**Onko lentoasemalle bussia?**	oankoa **layn**toaahsaymahllah **boos**siah
What's the flight number?	**Mikä on lennon numero?**	mikkæ oan **layn**noan **no͞o**mayroa
What time do we arrive?	**Mihin aikaan olemme perillä?**	mihin ah'kaahn oalaymmay payrillæ
I'd like to... my reservation.	**Haluaisin... varaukseni.**	hah**loo**a'siin... vah**rah**hooksayn
cancel	**peruuttaa**	pay**ro͞o**ttaa
change	**muuttaa**	**mo͞o**ttaa
confirm	**vahvistaa**	**vahh**vistaa

SAAPUVAT ARRIVAL	**LÄHTEVÄT** DEPARTURE

Train *Juna*

Trains in Finland are operated by Finnish State Railways. Most long-distance trains are modern diesel trains. Electric trains make only certain short-distance runs from Helsinki.

Train travel is fast, comfortable and cheap. Long-distance trains usually have dining-cars and also sleeping-cars when necessary. First- and second-class seats may be reserved for a small extra charge; seat reservations are obligatory for special fast trains marked EP or IC. Children aged 6-17 travel half-price, under 6 free. The *Finnrail Pass* entitles to you to unlimited travel for periods of 8, 15 or 22 days.

kiito|juna (**kee**toa**yoo**nah)	long-distance express train between larger cities, stops only at main stations; luxury coaches; seat reservations required
pika|juna (**pik**kah**yoo**nah)	long-distance train, stops at larger stations
paikallis|juna (kah'kahllis**yoo**nah)	local train, stops at all stations
kisko|bussi (**kis**koa**boos**si)	small diesel train used on short runs
sähkö|juna (**sæh**kur**yoo**nah)	electric train, used on short runs
makuu|vaunu (mah**koo**vah°°noo)	sleeping car with individual compartments
lepo|vaunu (**lay**poavah°°noo)	berths with blankets and pillows
ravintola|vaunu (**rah**vintoalah**vah**°°noo)	dining-car
kahvila|vaunu (**kahh**villah**vah**°°noo)	buffet car
junailijan|vaunu (**yoo**nah'liyahn**vah**°°noo)	guard's van or baggage car; only registered luggage permitted

To the railway station *Rauta\|tie\|asemalle*

Where's the railway station?	**Missä on rauta|tie|asema?**	**mis**sæ oan **rah**°°tahtiayahsaymah
Taxi!	**Taksi!**	**tahk**si
Take me to the...	**Viekää minut ...**	v'aykǣ **minn**oot
railway station	**rauta|tie|asemalle**	**rah**°°tahtiaahsaymahllay

| What's the fare? | **Mitä maksaa?** | mittæ **mah**ksaa |

	SISÄÄN	ENTRANCE
	ULOS	EXIT
	LAITUREILLE	TO THE PLATFORMS
	NEUVONTA	INFORMATION

Where's the...? *Missä on...?*

Where is/are (the)...?	**Missä on/ovat...?**	missæ oan/**oa**vaht
bar	**baari**	**baa**ri
booking office	**lipun|myynti**	**lip**poon**mew**nti
currency exchange office	**valuutan|vaihto**	vah**loo**tahnvah**'**htoa
left-luggage office (baggage check)	**matka|tavara|säily-tys**	**maht**kahtahvahrah**sæi**lewtewss
lost property (lost and found) office	**löytö|tavara|toi-misto**	lur**ew**turtahvahrahtoa**'**-mistoa
luggage lockers	**säilytys|lokerot**	**sæ'**lewtewsloa**ka**yroat
newsstand	**lehti|kioski**	**layh**tikioaski
platform 7	**laituri 7**	**lah'**toori say**'**tsaymæn
reservations office	**paikan|varaus**	**pah'**kahnvahrah**ᵒᵒ**s
restaurant	**ravintola**	**rah**vintoalah
snack bar	**pika|baari**	**pik**kahbaari
ticket office	**lippu|toimisto**	**lip**pootoa**'**mistoa
waiting room	**odotus|huone**	**oa**doatoosh**ᵒᵒ**oanay
Where are the toilets?	**Missä ovat WC:t?**	missæ **oa**vaht vay**ss**āyt

Inquiries *Tiedusteluja*

When is the... train to Tampere?	**Milloin Tampe-reelle lähtee... juna?**	**mil**loa'n **tam**payrāyllay **læh**tāy... **yoo**nah
first/last/next	**ensimmäinen/ viimeinen/seuraava**	**ayn**simmæ**'**nayn/ **vee**may**'**nayn/**say**ᵒᵒraavah
What time does the train to Turku leave?	**Mihin aikaan Tur-kuun lähtee juna?**	mihin ah**'**kaan toor**koo**n **læh**tāy **yoo**nah
What's the fare to Savonlinna?	**Mitä maksaa lippu Savonlinnaan?**	mittæ **mah**ksaa **lip**poo **sah**voanlinnaan
Is it a through train?	**Onko se suora yhteys?**	**oan**koa say s**ᵒᵒ**oarah **ewh**tay**ew**ss
Is there a connection to...?	**Onko yhteyttä... -n/...-lle?**	**oan**koa **ewh**tay**ew**ttæ...-n/ ...-llay

TAXI, see page 21

Do I have to change trains?	**Onko minun vaihdettava junaa?**	oankoa minnoon vah'hdayttahvah yoonaa
Is there enough time to change?	**Onko junan|vaihtoon tarpeeksi aikaa?**	oankoa yoonahnvah'htoān tahrpāyksi ah'kaa
Is the train running on time?	**Onko juna aika|taulussa?**	oankoa yoonah ah'kahtah°°loossah
What time does the train arrive in Mikkeli?	**Mihin aikaan juna saapuu Mikkeliin?**	mihin ah'kaan yoonah saapoō mikkayleen
Is there a dining car/ sleeping car on the train?	**Onko junassa ravintola|vaunua/ makuu|vaunua?**	oankoa yoonassah rahvintoalahvah°°nooah/ mahkoōvah°°nooah
Does the train stop in Kouvola?	**Pysähtyykö juna Kouvolassa?**	pewsæht°ʷkur yoonah koa°°voalahssah
Which platform does the train to Lahti leave from?	**Miltä laiturilta juna Lahteen lähtee?**	miltæ lah'tooriltah yoonah lahhtāyn læhtāy
Which platform does the train from Vaasa arrive at?	**Mille laiturille juna Vaasasta saapuu?**	millay lah'toorillay yoonah vaassahstah saapoō
I'd like a time-table.	**Saisinko aika|taulun.**	sah'sinkoa ah'kahtah°°loon

---

🖘   🔊

Teidän täytyy vaihtaa...-ssa/... -lla.	You have to change at...
Vaihtakaa...-ssa/...-lla paikallis|junaan.	Change at... and get a local train.
Laituri 7 on...	Platform 7 is...
tuolla/ylhäällä	over there/upstairs
vasemmalla/oikealla	on the left/on the right
Juna... lähtee kello...	There's a train to... at...
Junanne lähtee laiturilta 8.	Your train will leave from platform 8.
Juna on... minuuttia myöhässä.	There will be a delay of... minutes.
Ensimmäinen luokka on edessä/ keskellä/takana.	First class at the front/in the middle/at the rear.

Tickets *Liput*

I'd like a ticket to Pori.	**Saisinko lipun Poriin.**	sah'sinkoa **lippoon poa**reen
single (one-way)	**meno|lippu**	**mayno**alippoon
return (round trip)	**meno|paluu**	**mayno**apahloo
first/second class	**ensimmäinen/ toinen luokka**	aynsimmæ'nayn/**toa**nayn l°°oakkah
for a child	**lasten lippu**	**lah**stayn **lippoo**

Reservation *Varaus*

I'd like to reserve a...	**Haluaisin varata...**	hahlooah'sin **vah**rahtah
seat (by the window)	**(ikkuna|)paikan**	(ikkoonah)**pah**'kahn
berth	**makuu|paikan**	mahkoopah'kahn
upper	**ylä|vuoteessa**	**ew**læv°°**oa**taessah
middle	**keski|vuoteessa**	**kay**skiv°°**oa**tayssah
lower	**ala|vuoteessa**	**ah**lahv°°**oa**tayssah
berth in the sleeping car	**makuu|paikan makuu|vaunussa**	mahkoopah'kahn mahkoo**vah**°noossah

All aboard *Kaikki vaunuihin*

Is this the right platform for the train to Pori?	**Onkohan tämä oikea laituri?**	oankoa **tæ**mæ oa'kayah **lah**'toori
	Määrä|asema|ni on Pori.	mæræahsaymahni oan **poa**ri
Is this the right train to Tampere?	**Onko tämä Tampereen juna?**	oankoa **tæ**mæ tahm**pay**rayn **yoo**nah
Excuse me. Could I get past?	**Anteeksi. Pääsinkö ohi?**	ahntayksi pæsissinkur **oa**hi
Is this seat taken?	**Onko tämä paikka varattu?**	oankoa **tæ**mæ pah'kkah **vah**rahttoo

TUPAKOITSIJOILLE SMOKER	**TUPAKOINTI KIELLETTY** NONSMOKER

I think that's my seat.	**Tämä taitaa olla minun paikka|ni.**	**tæ**mæ **tah**'taa **oal**lah **min**noon **pah**'kkahni
Would you let me know before we get to Lahti?	**Ilmoittaisitteko minulle kun tulemme Lahteen.**	**il**moa'ttah'sittaykoa **min**noollay koon **too**laymmay **lahh**tayn
What station is this?	**Mikä asema tämä on?**	**mik**kæ **ah**saymah **tæ**mæ oan

| How long does the train stop here? | **Kuinka kauan juna seisoo täällä?** | koo'nkah ka°°ahn yoonah say'soa tællæ |
| When do we arrive in Vaasa? | **Milloin saavumme Vaasaan?** | milloa'n saavoommay vaassaan |

Sleeping *Nukkua*

Are there any free compartments in the sleeping car?	**Onko makuu|vaunussa vapaita paikkoja?**	oankoa mahkoovah°°noossah vahpah'tah pah'kkoayah
Where's the sleeping car?	**Missä on makuu|vaunu?**	missæ oan mahkoovah°°noo
Where's my berth?	**Missä on minun vuode|paikka|ni?**	missæ oan minnoon v°°oadaypah'kkahni
I'd like a lower berth.	**Voisinko saada ala|petin?**	voa'sinkoa saadah ahlahpaytin
Would you make up our berths?	**Laittaisitteko vuoteemme kuntoon?**	lah'ttah'sittaykoa v°°oataÿmmay koontoan
Would you wake me at 7 o'clock?	**Herättäisittekö minut kello 7?**	hayrættæ'sittaykur minnoot kaylloa say't saymæn

Eating *Ruokailu*

If you want a full meal in the dining-car (*ravintola\|vaunu*—**rah**vintoalah**vah**°°noo), you may have to get a ticket from the attendant who'll come to your compartment.

| Where's the dining-car? | **Missä on ravintola\|vaunu?** | missæ oan rahvintoalah**vah**°°noo |

Baggage—Porters *Matkatavarat—Kantajat*

Porter!	**Kantaja!**	kahntahyah
Can you help me with my luggage?	**Voitteko auttaa kantamisessa?**	voa'ttaykoa ah°°ttaa kahntahmisayssah
Where are the luggage trolleys (carts)?	**Missä on työntö|kärryjä?**	missæ oan tew°°nturkærrewyæ
Where are the luggage lockers?	**Missä on säilytys|lokeroita?**	missæ oan sæ'lewtewsloakayroa'tah
Where's the left-luggage office (baggage check)?	**Missä on matka|tavaran säilytys?**	missæ oan mahtkahtahvahrahn sæ'lewtews
I'd like to leave my luggage, please.	**Jättäisin matka|tavara|ni säilöön.**	yættæ'sin mahtkahtahvahrahni sæ'lurn

| I'd like to register (check) my luggage. | **Lähettäisin matka\|tavara\|ni.** | læhhayttæ'sin mahtkahtahvahrahni |

LÄHTEVÄ MATKA\|TAVARA
REGISTERING (CHECKING) BAGGAGE

Underground (subway) *Metro*

Helsinki is the only city in Finland with an underground service. The network is fairly limited with the trains running from the city centre to some of the eastern suburbs of Helsinki. The underground service is called the Metro and the city centre metro station may be entered from the main railway station.

Where's the nearest underground station?	**Missä on lähin metro|asema?**	missæ oan læhin maytroaahsaymah
Does this train go to...?	**Meneekö tämä juna...-n/...-lle?**	maynāykur tæmæ yoonah...-n/...-llay
Is the next station...?	**Onko seuraava asema...?**	oankoa say°°raavah ahsaymah

Coach (long-distance bus) *Linja-auto*

Finland's extensve coach network is especially important in northern regions where there are no railways. Modern, comfortable coaches run frequent, fast services. The fares are higher than for trains. Information on routes and timetables are available during office hours from travel information desks at coach stations.

When's the next coach to...?	**Milloin lähtee seuraava bussi...-n/...-lle?**	milloa'n læhtāy say°°raavah boossi...-n/...-llay
Does this coach stop at...?	**Pysähtyykö tämä auto...-ssa/...-lla?**	pewsæhtēwkur tæmæ ah°°toa...ssah/...llah
How long does the journey (trip) take?	**Kuinka kauan matka kestää?**	koo'nkah kah°°ahn mahtkah kaystǣ

Note: Most of the phrases on the previous pages can be used or adapted for travelling on local transport.

PORTERS, see also page 18

Bus—Tram (streetcar) *Bussi—Raitiovaunu*

There are local bus services in all cities and towns, and trams run in the major cities.

In Helsinki local buses serve the city centre and the various suburbs, but the trams operate only in the central area. Both bus and tram tickets may be purchased from the driver, and passengers must stamp their ticket after purchase in a special machine provided in the bus or tram. A ticket inspector may levy an instant fine on a passenger who has not stamped a ticket for the journey. A single ticket or a multiple journey card may be obtained from the driver. A single ticket is valid for an hour and it can be used within this time limit for an unrestricted number of journeys. The tickets are valid for both buses and trams.

Buses should always be boarded at the front. However you may enter the trams through any door - front, back or middle - if you have a ticket ready, but use the front door if you need to buy a ticket.

Taking a round-trip on a tram in Helsinki is a good way to see the city.

I'd like a booklet of tickets for Helsinki.	**Saisinko kymmenen matkan lipun Helsinkiä varten.**	sah'sinkoa **kewm**maynayn **mahtkahn lippoon haylsinkiæ vahrtayn**
Which tram (streetcar) goes to the town centre?	**Mikä raitiovaunu menee kaupungin keskustaan?**	mikkæ **rah'tioavah°°noo mayn</u>ay kah°°poongin kayskoostaan**
Where can I get a bus/a tram (streetcar) to the opera?	**Missä pääsen bussiin/raitiovaunuun, joka menee oopperan luo?**	missæ p<u>ā̄</u>sayn **boosseen/ rah'tioavah°°n<u>ōō</u>n, yoakah maynāy <u>ō</u>appayrahn looah**
Which bus do I take to Tapiola?	**Millä bussilla pääsen Tapiolaan?**	millæ **boos**sillah p<u>ā̄</u>sayn **tahp'oalaan**
Where's the bus stop?	**Missä on bussi|pysäkki?**	missæ oan **boossipewsækki**
When is the... bus to Otaniemi?	**Milloin lähtee... bussi Otaniemeen?**	milloa'n læht<u>āy</u>... **boos**si oatahn'aym<u>āy</u>n
first/last/next	**ensimmäinen/ viimeinen/seuraava**	**ayn**simmæ'nayn/ **vee**may'nayn/**say°°**raavah

How much is the fare to…?	**Mitä on maksu…-n/…-lle?**	mittæ oan **mahk**soo…-n/…-llay
Do I have to change buses?	**Täytyykö minun vaihtaa bussia?**	tæ^{ew}kur minnoon vah'htaa **boos**siah
How many bus stops are there to…?	**Montako pysäkkiä on…-n/…-lle?**	**moan**tahkoa pewsækkiæ oan…-n/…-llay
Will you tell me when to get off?	**Sanoisitteko, kun minun täytyy nousta pois?**	sahnoa'sittaykoa koon minnoon tæ^{ew}tew noa^{oo}stah poais
I want to get off at Finlandia Hall.	**Haluaisin pois Finlandia|talon kohdalla.**	hahlooah'sin poais finlahndiah**tah**loan **koah**dahllah

| **PYSÄKKI** | BUS STOP |

Boat service *Vesi\|liikenne*

There are superb car-ferry services all year round between Germany, Sweden and Finland. These car-ferries are like floating luxury hotels and tax-free shopping centres combined, and in addition they have first class restaurants and night-clubs, swimming-pools and saunas. There are also day-cruises from Helsinki to Tallin, Estonia.

Inland, Finland is a country of thousands of lakes and during the summer both modern pleasure boats and old-fashioned steamers sail them.

When does the next boat for… leave?	**Milloin lähtee seuraava lautta…-n/…-lle?**	milloa'n **læh**tay say^{oo}raavah lah^{oo}ttah…-n/…-llay
Where's the embarkation point?	**Missä noustaan laivaan?**	mistæ noa^{oo}staan lah'vaan
How long does the crossing take?	**Kauanko ylitys kestää?**	kah^{oo}ahnkoa ewlittews **kays**tæ
Which port(s) do we stop at?	**Mihin satamiin poikkeamme?**	mihin **sat**tahmeen poa'kkayahmmay
I'd like to take a cruise/tour of the harbour.	**Haluaisin risteilylle/satama|risteilylle.**	hahlooah'sin **ris**tay'lewllay/**sah**tahmah**ris**tay'lewllay
boat (small)/(large)	**vene/alus**	**vay**nay/**ah**loos

cabin	**hytti**	hewtti
single/double	**yhden hengen/**	ewhdayn/**kahh**dayn
	kahden hengen	hayngayn
deck	**kansi**	kahnsi
ferry	**lautta**	lah°°ttah
hydrofoil	**kanto|siipi|alus**	kahntoaseepiahloos
life belt/boat	**pelastus|liivit/**	paylahstoosleevit/
	pelastus|vene	paylahstoosvaynay
port	**satama**	sahtahmah
river cruise	**joki|risteily**	yoakiristay'lew
ship	**laiva**	lah'vah
steamer	**höyry|laiva**	hur°ʷrewlah'vah
reclining seat	**lepo|tuoli**	laypoat°°oali

Other means of transport *Muita kulku\|välineitä*

The land area of Finland is large and the total population is
small. You will find plenty of quiet country roads where
cycling and walking is enjoyable. In addition, most cities and
towns have special paths reserved for cyclists. During the
winter long-distance skiing treks are organised.

There are no legal restrictions on hitchhiking, but like every-
where else in the world, it carries its own risks.

helicopter	**helikopteri**	haylikoaptayri
moped	**mopo**	moapoa
motorbike/scooter	**moottori|pyörä/**	moāttoaripewʷrræ/
	skooteri	skōatayri

Or perhaps you prefer:

to hitchhike	**mennä peukalokyy-**	maynnæ
	dillä/liftata	pay°kahloakewdillæ/
		liftahtah
to walk	**kävellä**	kævayllæ

Bicycle hire *Pyörän vuokraus*

I'd like to hire a...	**Haluaisin vuok-**	hahlooah'sin
bicycle.	**rata ...-pyörän**	v°°oakrahtah ...-pewʷræn
5-gear	**vaihde|**	vah^hday
mountain	**maasto|**	maastoa

Car *Auto*

Cars drive on the right in Finland. Outside built-up areas all vehicles must have dipped headlights switched on at all times, even in broad daylight. Main roads are good throughout the country, but many secondary roads are unsurfaced. The use of both front and rear seat belts is compulsory.

Where's the nearest (self-service) filling station?	**Missä on lähin (itse|palvelu)|bensi-ini|asema?**	missæ oan læhin (itsaypahlvayloo) baynseeniahsaymah
Fill it up, please.	**Tankki täyteen, kiitos.**	tahnkki tæ°wtāyn keetoass
Give me... litres of petrol (gasoline).	**Saanko... litraa bensiiniä.**	saankoa... litraa baynseeniæ
super (premium)/ regular/unleaded/ diesel	**Korkea|oktaanista/ matala|oktaanista/ lyijytöntä/die-sel|öljyä**	koarkayahoaktaahnistah/ mahtahlahoaktaahnistah/ lew^lyewturntæ/ d°aysaylurlyewæ
Please check the ...	**... Voisitteko tar-kistaa sen.**	voa^lsittaykoa tahrkistaa sayn
anti-freeze	**jäähdytys|neste**	yāēhdewtewsnaystay
battery	**akku**	ahkkoo
brake fluid	**jarru|neste**	yarroonaystay
oil/coolant/ windscreen water	**öljy/jäähdy-tys|neste/ tuuli|lasin|pesu| neste**	urlyew/ yāēadewtewsnnaystay/ tōōlilahsinpay soonaystay
Would you check the tyre pressures?	**Tarkistaisitteko ilman|paineet?**	tahrkistah^lsittaykoa ilmahnpah^lnāyt
1.6 front, 1.8 rear.	**Yksi pilkku kuusi edessä, yksi pilkku kahdeksan takana.**	ewksi pilkkoo kōōsi aydayssæ ewksi pilkkoo kahhdayksahn tahkahnah
Please could you check the spare tyre too?	**Tarkistaisitteko myös vara|ren-kaan?**	tahrkistah^lsittaykoa mew^{ur}s vahrahraynkaahn
Can you mend this puncture (fix this flat)?	**Voitteko korjata tämän renkaan?**	voa^lttaykoa koaryahtah tæmæn raynkaahn
Would you change the... please?	**Voisitteko vaih-taa ...**	voa^lsittaykoa vah^lhtaa
bulb	**lampun**	lamppoon
fan belt	**tuulettimen hihnan**	tōōlayttimayn hihnahn
snow chains	**lumi|ketjut**	loomikaytyoot

CAR HIRE, see page 20

spark(ing) plugs	sytytys|tulpat	sewtewtewstoolpaht
tyre	renkaan	raynkaahn
wipers	pyyhkijän sulat	pēwhkiyæn soolaht
Would you clean the windscreen (windshield)?	Puhdistaisitteko tuuli|lasin.	poohdistahˈsittaykoa tōōlilahsin

Asking the way—Street directions *Kysyä tietä— Kulku\|ohjeet*

Can you tell me the way to...?	Voitteko neuvoa tien...-n/...-lle?	voaˈttaykoa nayᵒᵒvoah tiayn...-n/...-llay
In which direction is...?	Missä suunnassa on...?	missæ sōōnnahssah oan
How do I get to...?	Miten pääsen...-n/...-lle?	mitayn pǣsayn...-n/...-llay
Are we on the right road for...?	Viekö tämä tie...-n/...-lle?	vˈaykur tæmæ tˈay...-n/...-llay
How far is the next village?	Kuinka kaukana on seuraava kylä?	kooˈnkah kahᵒᵒkahnah oan sayᵒᵒraahvah kewlæ
How far is it to... from here?	Kuinka kaukana täältä on...?	kooˈnkah kahᵒᵒkahnah tæltæ oan
Is there a motorway (expressway)?	Onko moottori|tietä?	oankoa mōāttoaritˈaytæ
How long does it take by car/on foot?	Kauanko kestää mennä autolla/jalan?	kaᵒᵒahnkoa kaystǣ maynnæ ahᵒᵒtoallah/yahlahn
Can I drive to the centre of town?	Voinko ajaa kaupungin keskustaan?	vohˈnkoa ahyaa kahᵒᵒpoongin kayskoostaan
Is traffic allowed in the town centre?	Onko autolla ajo sallittu kaupungin keskustassa?	oankoa ahᵒᵒtoallah ahyoa sahllittooah kahᵒᵒpoongin kayskoostahssah
Can you tell me where... is?	Voitteko kertoa, missä... on?	voaˈttaykoa kayrtoah missæ... oan
How can I find this place/address?	Kuinka löydän tämän paikan/osoitteen?	kooˈnkah lurᵉʷdæn tæmæn pahˈkahn/oasoaˈttæyn
Where's this?	Missä tämä on?	missæ tæmæ oan
Can you show me on the map where I am?	Voitteko näyttää kartalta, missä olen?	voaˈttaykoa næᵉʷttǣ kahrtahltah missæ oalayn
Where are the nearest public toilets?	Missä on lähin yleinen käymälä?	missæ oan læhin ewlayˈnayn kæᵉʷmælæ

👉	👉
Olette väärällä tiellä.	You're on the wrong road.
Ajakaa suoraan eteenpäin.	Go straight ahead.
Se on tuolla vasemmalla/oikealla.	It's down there on the left/right.
Vasta|päätä (...-a/...-ta/...-tta)/ ...-n takana	opposite/behind...
...-n vieressä/...-n jälkeen	next to/after...
pohjoisessa/etelässä idässä/lännessä	north/south east/west
Ajakaa ensimmäiseen/toiseen tien|haaraan/risteykseen.	Go to the first/second crossroads (intersection).
Kääntykää liikenne|valoissa vasemmalle.	Turn left at the traffic lights.
Kääntykää seuraavassa kulmassa oikealle.	Turn right at the next corner.
Ajakaa...tietä/...-n katua.	Take the... road.
Se on yksi|suuntainen katu.	It's a one-way street.
Teidän täytyy palata...-n luo.	You have to go back to...
Seuratkaa Hämeen|linnan viittoja/merkkejä.	Follow signs for Hämeen|linna.

Parking *Pysäköinti*

Park in the direction of moving traffic, on the right side of the road. Obey the posted parking restrictions. You may be fined for parking less than three metres from a pedestrian crossing.

Where can I park?	**Minne voin pysä-köidä?**	minay voa'n pewsækur'dæ
Is there a car park nearby?	**Onko lähellä pysä-köinti|aluetta?**	oankoa læhayllæ pewsækur'ntiahloo^{ay}ttah
May I park here?	**Voinko pysäköidä tähän?**	voa'nkoa pewsækur'dæ tæhæn
How long can I park here?	**Kuinka kauan voin pysäköidä tässä?**	koo'nkah kah^{oo}vahn voa'n pewsækur'dæ tæssæ
What's the charge per hour?	**Mitä maksu on tunnilta?**	mittæ oan mahksoo toonniltah
Do you have some change for the parking meter?	**Olisiko teillä koli-koita pysä-köinti|mittariin?**	oalisikoa tay'llæ koalikkoa'tah pewsækur'ntimittahreen

Breakdown—Road assistance *Konerikko—Tie|palvelu*

The Automobile and Touring Club of Finland (*Auto-liitto*) operates a 24-hour service telephone number in Helsinki that will give you information on garages anywhere in the country which can come out to your vehicle in case of breakdown.

Where's the nearest garage?	**Missä on lähin korjaamo?**	missæ oan læhin koaryaamoa
My car has broken down.	**Autoni meni epä|kuntoon.**	a°°toani **may**ni aypækoont<u>oa</u>n
Where can I make a phone call?	**Mistä voin soittaa?**	mistæ voa'n **soa**'ttaa
I've had a break-down at...	**Autoni meni epä|kuntoon ...-n kohdalla.**	a°°toani **may**ni aypækoont<u>oa</u>n ...-n koahdahllah
Can you send a mechanic?	**Voitteko lähettää korjaajan?**	voa'ttaykoa læhayttæ koaryaayahn
My car won't start.	**Autoni ei käyn-nisty.**	ah°°toani ay' kæ°ʷnnistew
The battery is dead.	**Akku on tyhjä.**	ahkkoo oan tewhyæ
I've run out of petrol (gasoline)/diesel.	**Minulta on bensa/dieselöljy lopussa.**	minnooltah oan **bayn**sah/ **dees**saylurlyew loapoossah
I have a flat tyre.	**Minulla on rengas tyhjänä.**	minoollah **oan** rayngahs tewhyænæ
The engine is over-heating.	**Moottori yli|kuu-menee.**	m<u>oa</u>ttoari ewlik<u>oo</u>maynay
There's something wrong with the...	**... ei toimi kun-nolla.**	ay' toami koonnoallah
brakes	**jarrut**	yarroot
carburettor	**kaasutin**	kaasootin
exhaust pipe	**pako|putki**	pahkoapootki
radiator	**jäähdyttäjä**	yæhdewttæyæ
wheel	**pyörä**	pew°'ræ
Can you send a breakdown van (tow truck)?	**Voitteko lähettää hinaus|auton?**	voa'ttaykoa læhayttæ hinnah°°sah°°toan
How long will you be?	**Kuinka pian voitte olla täällä?**	koo'nkah p'ahn voa'ttay oallah tællæ
Can you give me an estimate?	**Voitteko antaa arvion?**	voa'ttaykoa ahntaa ahrv'oan

Accident—Police *Onnettomuus—Poliisi*

Please call the police.	**Kutsukaa poliisi.**	**koot**sookaa **po**aleessi
There's been an accident. It's about 2 km. from Tampere.	**On sattunut onnet-tomuus. Se on noin 2km Tampereelta.**	oan **saht**toonoot oannayttoamo͞oss say oan noain 2km tahmpayra͞yltah
Where's there a telephone?	**Missä on puhelin?**	missæ oan **poo**haylin
Call a doctor/an ambulance quickly.	**Kutsukaa nopeasti lääkäri/ambulanssi.**	**koot**sookaa **noa**payahsti lǣkæri/**ahm**boolahnssi
There are people injured.	**Ihmisiä on louk-kaantunut.**	ihmissiæ oan loa°°kkaantoonoot
Here's my driving licence.	**Tässä on ajo|kort-tini.**	tæssæ oan ahyoa**koart**tini
What's your name and address?	**Mikä on nimenne ja osoitteenne?**	mikkæ oan **nim**maynnay yah **oas**soa'tta͞ynnay
What's your insurance company?	**Mikä on vakuu-tus|yhtiönne?**	mikæ oan vahko͞oto͞osewht'urnnay

Road signs *Liikenne\|merkkejä*

AJA HITAASTI	Drive slowly
AJO SALLITTU OMALLA VASTUULLA	Drive at own risk
AJO SALLITTU TONTEILLE	Access to residents only
ALUE|RAJOITUS	Local speed limit
HEIKKO TIEN|REUNA	Soft shoulders
IRTO|KIVIÄ	Loose stones
KAPEA SILTA	Narrow bridge
KELI|RIKKO	Frost damage
KOKEILE JARRUJA	Test your brakes
KOULU	School
LINJA-AUTO|KAISTA	Bus has priority
LIUKAS TIE	Slippery road
LOSSI	Ferry
NOPEUS|RAJOITUS	Speed limit... km
NÄHTÄVYYS	Lookout point
PYSÄKÖINTI|PAIKKA	Parking
PYÖRÄILIJÄ	Cycle path
RYHMITYS|MERKKI	Get in lane
SUOSITELTU NOPEUS|RAJOITUS	Recommended speed limit
TIE SAVETTU	Newly-surfaced road
TIE|TYÖ	Road works
TULLI	Customs
YKSITYIS|TIE	Private road

Sightseeing

Where's the tourist office?	**Missä on matka-|toimisto?**	missæ oan **mahtkah-toa**¹mistoa
What are the main points of interest?	**Mitä nähtävyyksiä täällä on?**	mittæ **næhtævē̄wksiæ tǣllæ** oan
We're here for...	**Olemme täällä ....**	oalaymmay **tǣllæ**
only a few hours	**vain muutaman tunnin**	vah¹n **mōō**tahmahn toonnin
a day	**päivän**	**pæ**¹væn
a week	**viikon**	**vee**koan
Can you recommend a sightseeing tour/an excursion?	**Voitteko suositella nähtävyys|kier-rosta/retkeä?**	voa¹ttaykoa **s°°**assittayllah **næhtævē̄wsk¹ayr**roastah/ **rayt**kayæ
Where do we leave from?	**Mistä on lähtö?**	mistæ oan **læh**tur
Will the bus pick us up at the hotel?	**Hakeeko bussi meidät hotellilta?**	hah**kāy**koa **boos**si maydæt **hoa**tayllilta
How much does the tour cost?	**Paljonko kierros maksaa?**	pahlyoankoa **k¹ayr**roass **mahk**saa
What time does the tour start?	**Mihin aikaan kier-ros alkaa?**	mihin **ah¹**kaan **k¹ayr**roass **ahl**kaa
Is lunch included?	**Sisältyykö lounas hintaan?**	sissæl**tē̄w**kur **loa°°**nahs **hin**taan
What time do we get back?	**Mihin aikaan olemme takaisin?**	mihin **ah¹**kaan oalaymmay **tah**kah¹sin
Do we have free time in...?	**Onko meillä varan aikaa...?**	oankoa **may¹**llæ **vah**rahn **ah¹**kaa
Is there an English-speaking guide?	**Onko siellä englan-tia puhuva opas?**	oankoa **s¹ayl**læ **ayng**lahntiah **poo**hoovah **oa**pahss
I'd like to hire a private guide for...	**Haluaisin palkata yksityisen oppaan...**	hah**looah¹**ssin **pahl**kahtah **ewks**sittew¹sayn **oap**paann
half a day	**puoleksi päiväksi**	**p°°**oalayksi **pæ¹**væksi
a day	**päiväksi**	**pæ¹**væksi
Where is/Where are the...?	**Missä on/Missä ovat...?**	missæ oan/missæ oavaht
abbey	**luostari**	**l°°**oastahri
art gallery	**taide|galleria**	**tah¹**daygahllayriah
botanical gardens	**kasvi|tieteellinen puutarha**	**kahs**vit¹**aytāy**llinnayn **pōō**tahrhah

building	**rakennus**	rah kaynnooss
business district	**liike|keskus**	leekay kayskooss
castle	**linna**	linnah
cathedral	**tuomio|kirkko**	t°°amioakeerkkoa
cemetery	**hautaus|maa**	hah°°tah°°smaa
city centre	**(kaupungin) kes-kusta**	(kah°°poongin) kayskkoostah
chapel	**kappeli**	kahppayli
church	**kirkko**	keerkkoa
concert hall	**konsertti|sali/|talo**	koansayrttisahli/ tahloa
convent	**nunna|luostari**	noonnahlōōoastahri
court house	**oikeus|talo**	oaˈkayᵒᵒstahloa
downtown area	**keskusta**	kayskoostah
embankment	**ranta|penger**	rahntahpayngayr
exhibition	**näyttely**	næᵉʷttaylew
factory	**tehdas**	tayhdahss
fair	**messut/markkinat**	mayssoot/mahrkkinnaht
flea market	**kirppu|tori**	keerppootoari
fortress	**linnoitus**	linnoaˈtooss
fountain	**(suihku)lähde**	(sooˈhkoo)læhday
gardens	**puu|tarha**	pōōtahrah
harbour	**satama**	sahtahmah
lake	**järvi**	yærvi
library	**kirjasto**	keeryahstoa
market	**(kauppa|)tori**	(kah°°ppah)toari
memorial	**muisto|merkki**	mooˈstoamayrkki
monastery	**munkki|luostari**	moonkkilᵒᵒoastahri
monument	**monumentti**	moanoomayntti
museum	**museo**	moossayoa
old town	**vanha kaupunki**	vahnhah kah°°poonki
opera house	**ooppera|talo**	ōappayrah
palace	**palatsi**	pahlahtsi
park	**puisto**	pooˈstoa
parliament building	**edus|kunta|talo**	aydooskoontahtahloa
planetarium	**planetaario**	plahnaytahrioa
presidential palace	**presidentin|linna**	prayssidayntinlinnah
ruins	**rauniot**	rah°°nˈoat
shopping area	**ostos|keskus**	oastoaskayskooss
square	**tori**	toari
stadium	**stadion**	stahdˈoan
statue	**patsas**	pahtsahs
stock exchange	**pörssi**	purssi
theatre	**teatteri**	tayahttayri
theme park	**tiede|puisto/|kes-kus**	tˈaydaypooˈstoa/kayskooss
tomb	**hauta**	hah°°tah
tower	**torni**	toarni

town hall	kaupungin|talo/ raatti|huone	kah°°poongintahloa/ raattih°°oanay
university	yli|opisto	ewlioapistoa
zoo	eläin|tarha	aylæ'ntahrhah

Admission *Sisään\|pääsy*

Is... open on Sundays?	Onko... avoinna sunnuntaisin?	oankoa... ahvoa'nnah soonnoontah'sin
What are the opening hours?	Mitkä ovat auki|olo|ajat?	mitkæ oavaht ah°°kioaloaahyaht
When does it close?	Milloin se suljetaan?	milloa'n say sool|yaytaan
How much is the entrance fee?	Mikä on pääsy|maksu?	mikkæ oan pæsewmahksoo
Is there any reduction for (the)...?	Onko heille alennuksia...?	oankoa hay'llay ahlaynnooksiah
children	lapsille	lahpsillay
disabled	vammaisille	vahmmah'ssillay
groups	ryhmille	rewhmillay
pensioners	eläkeläisille	aylækaylæ'ssillay
students	opiskelijoille	oapiskayliyoa'llay
Do you have a guidebook (in English)?	Onko teillä opas|kirjaa (englanniksi)?	oankoa tay'llæ oapahskeeryaa
Can I buy a catalogue?	Voinko ostaa luettelon?	voa'nkoa oastaa looayttayloan
Is it all right to take pictures?	Saako valo|kuvata?	saakoa vahloakoovahtah

| VAPAA PÄÄSY | ADMISSION FREE |
| VALOKUVAAMINEN KIELLETTY | NO PHOTOGRAPHS |

| Is there easy access for the disabled? | Onko vammaisille omaa sisään\|käyntiä? | oankoa vahmmah'ssillay oamaa sissænkæ⁰'ⁿntiæ |
| Are there facilities/ activities for children? | Onko lapsille omia tiloja/omaa toimintaa? | oankoa lahpsillay oamiah tiloayah/oamaa toa'mintaa |

Who—What—When? *Kuka—Mikä—Milloin?*

| What's that building? | Mikä tuo rakennus on? | mikkæ t°°oa rahkaynnooss |
| Who was the...? | Kuka oli... | kookah oali |

architect	arkkitehti	ahrkkitayhti
artist	taiteilija	tah'tay'liyah
painter	taide|maalari	tah'daymaalahri
sculptor	kuvan|veistäjä	koovahnvay'stæyæ
Who built it?	Kenen rakentama se on?	kaynayn rahkayntahmah say oan
Who painted that picture?	Kenen maalaama tuo taulu on?	kaynayn maalaamah t°°oa tah°°loo oan
When did he live?	Milloin hän eli?	milloa'n hæn ayli
When was it built?	Milloin se on rakennettu?	milloa'n say oan rahkaynnayttoo
Where's the house where... lived?	Missä on talo, jossa ... asui?	missæ oan tahloa yoassah ... ahsoo'
We're interested in...	Meitä kiinnostaa/ kiinnostavat...	may'tæ keennoastaa/ keennoastahvaht
antiques	antiikki	ahnteekki
archaeology	arkeologia	ahrkayoaloagiah
art	taide	tah'day
botany	kasvi|tiede	kahsvit'ayday
ceramics	keramiikka	kayrahmeekkah
coins	(metalli)rahat	(maytahlli)rahhaht
fine arts	taide-esineet	tah'dayaysinnāyt
furniture	huone|kalut	h°°oanaykahloot
geology	geologia	g°°oaloagiah
handicrafts	käsi|työ(|tuotteet)	kæsitew°'t°°oattāyt)
history	historia	histoariah
medicine	lääke|tiede	lǣkayt'ayday
music	musiikki	mooseekki
natural history	luonnon|historia	l°°oannoanhistoariah
ornithology	lintu|tiede	lintoot'ayday
painting	maalaus(|taide)	maalah°°s(tah'day)
pottery	saven|valanta	sahvaynvahlahntah
religion	uskonto	ooskoantoa
sculpture	kuvan|veisto (|taide)	koovahnvay'stoa(tah'day)
zoology	eläin|tiede	aylæ'nt'ayday
Where's the ... department?	Missä on ...osasto?	missæ oan ... oassahstoa
It's...	Se on...	say oan
amazing	hämmästyttävä	hæmmæstewttævǣ
awful	kaamea	kaamayah
beautiful	kaunis	kah°°niss
gloomy	synkkä	sewnkkæ
impressive	vaikuttava	vah'koottavah
interesting	mielen|kiintoinen	m'aylaynkeentoa'nayn

magnificent	**komea**	**koa**mayah
pretty	**sievä**	s'ayvæ
strange	**outo**	**oa**°°toa
superb	**erinomainen**	**ay**rinoamah'nayn
terrifying	**pelottava**	**pay**loattahvah
tremendous	**valtava**	**vahl**tahvah
ugly	**ruma**	**roo**mah

Churches—Religious services *Jumalan|palvelus*

The vast majority of Finns are Protestants (Evangelical Lutheran). Churches are usually open for visiting. In Helsinki there are also two Roman Catholic churches, a Greek Orthodox cathedral, an Anglican church, American (Protestant) services and a synagogue.

Is there a... near here?	**Onko täällä ...?**	**oan**koa **tæl**læ
Catholic church	**katolista kirkkoa**	**kah**toallistah **keerk**koaah
Protestant church	**protestanttista kirkkoa**	**proa**taystahnttistah **keerk**kkoaah
mosque	**moskeijaa**	**moa**skay'yaa
synagogue	**synagoogaa**	**sew**nahgōāgaa
What time is...?	**Mihin aikaan on...?**	**mi**hin ah'kaan oan
mass/the service	**messu/jumalan- |palvelus**	**may**ssoo/ yoomahlahn**pahl**vayllooss
Where can I find a... who speaks English?	**Mistä löytyisi..., joka puhuu englantia?**	**mi**stæ lur°ʷtew'si... **yoa**kah poohōō **ayng**lahntiah
priest/minister/rabbi	**katolinen pappi/ (protestanttinen) pappi/rabbi**	**kah**toallinayn **pahp**pi (**proa**taystahnttinayn) **pahp**pi/**rahb**bi
I'd like to visit the church.	**Haluaisin käydä kirkossa.**	**hah**looah'sin **kæew**dæ **keer**koassah
I'd like to go to confession.	**Haluaisin mennä ripittäytymään.**	**hah**looah'sin **mayn**næ **rip**pittæ°ʷtewmǣn

In the countryside *Maaseudulla*

| Is there a scenic route to...? | **Onko kaunista reittiä...?** | **oan**koa **kah**°°nistah **ray**'ttiæ |
| How far is it to...? | **Kuinka kaukana on...?** | **koo**'nkah **kah**°°kahnah oan |

Can we walk there?	**Voiko sinne kävellä?**	voaˈkoa sinnay kævayllæ
How high is that mountain?	**Kuinka korkea tuo vuori on?**	kooˈnnkah koarkayah tᵒᵒoa vᵒᵒoari oan
What kind of... is that?	**Minkä lajin... tuo on?**	minkæ lahyin... tᵒᵒoa oan
animal	**eläin**	aylæin
bird	**lintu**	lintoo
flower	**kukka**	kookkah
tree	**puu**	pōō

Landmarks *Maa|merkkejä*

bridge	**silta**	siltah
cliff	**jyrkänne**	yewrkænnay
farm	**maa|talo**	maatahloa
field	**pelto**	payltoa
fjord	**vuono**	vᵒᵒoanoa
footpath	**polku**	poalkoo
forest	**metsä**	maytsæ
garden	**puu|tarha**	pōōtahrhah
glacier	**jäätikkö**	yætikkur
hill	**mäki**	mæki
house	**talo**	tahloa
island	**saari**	saari
lake	**järvi**	yærvi
meadow	**niitty**	neettew
mountain	**vuori**	vᵒᵒoari
(mountain) pass	**sola**	soalah
path	**polku**	poalkoo
peak	**huippu**	hooˈppoo
pond	**lampi**	lahmpi
river	**joki**	yoaki
road	**tie**	tˈay
sea	**meri**	mayri
spring	**lähde**	læhday
valley	**laakso**	laaksoa
village	**kylä**	kewlæ
vineyard	**viini|tarha**	veenitahrhah
wall	**muuri**	mōōri
waterfall	**vesi|putous**	vaysipootoaᵘᵘss
wood	**metsä**	maytsæ

ASKING THE WAY, see page 76

Relaxing

Cinema (movies)—Theatre *Elo|kuvat—Teatteri*

The newspapers list the day's stage and screen schedules.

What's on at the cinema tonight?	**Mitä elo|kuvissa on tänä iltana?**	mittæ ayloakoovissah oan tænæ iltahnah
What's playing at the... Theatre?	**Mitä... -teatterissa esitetään?**	mittæ... tayahttayrissah ayssittaytǣn
What sort of play is it?	**Millainen näytelmä se on?**	millah'nayn næ^{ew}taylmæ say oan
Who's it by?	**Kenen kirjoittama se on?**	kaynayn keeryoattahmah say oan
Can you recommend a good...?	**Mikä olisi hyvä...?**	mikkæ oalissi hewvæ
film	**filmi**	filmi
comedy	**komedia**	koamayd'ah
musical	**musikaali**	moossikkaali
Where's that new film directed by... being shown?	**Missä esitetään sitä uutta filmiä, jonka on ohjannut...?**	missæ ayssitaytǣn sittæ ōōttah filmiæ yonkah oan oahyahnnoot
Who's in it?	**Kuka siinä näyttelee?**	kookah seenæ næ^{ew}ttaylāy
Who's playing the lead?	**Kuka on pää|osassa?**	kookah oan pǣoassahssah
Who's the director?	**Kuka on ohjaaja?**	kookah oan oahyaayah
At which theatre is that new play by... being performed?	**Missä teatterissa esitetään sitä uutta näytelmää, jonka on kirjoittanut...?**	missæ tayahttayrissah ayssittaytǣn sittæ ōōttah næ^{ew}taylmǣ yoankah oan keeryoattahnoot
What time does it begin?	**Mihin aikaan se alkaa?**	mihin ah'kaan say ahlkaa
Are there any seats for tonight?	**Onko täksi illaksi paikkoja?**	oankoa tæksi illahksi pah'kkoayah
How much are the seats?	**Paljonko liput maksavat?**	pahlyoankoa lippoot mahksahvaht

I'd like to reserve 2 seats for the show on Friday evening.	Haluaisin varata 2 paikkaa perjantai-illan näytökseen.	hahlooah'sin vahrahtah kahksi pah'kkaa payryahntai illahn næ^{ew}turksāyn
Can I have a ticket for the matinée on Tuesday?	Saisinko lipun tiistain varhais|näytäntöön.	sah'sinkoa lippoon teestah'n vahrhah'snæ^{ew}tæntūrn
I'd like a seat in the stalls (orchestra).	Haluaisin paikan etu|permannolta.	hahlooah'sin pah'kahn aytoopayrmannoaltah
Not too far back.	Ei liian takaa.	ay' leeahntahkaa
Somewhere in the middle.	Jostain keskeltä.	yoastah'n kayskayltæ
How much are the seats in the circle (mezzanine)?	Paljonko maksavat parveke|paikat?	pahlyoankoa mahksahvaht pahrvaykaypah'kaht
May I have a programme, please?	Saisinko ohjelman.	sah'sinkoa oahyaylmahn
Where's the cloakroom?	Missä on vaate|säilö?	missæ oan vaataysæ'liur

---

Valitettavasti näytös on loppuun|myyty.	I'm sorry, we're sold out.
Jäljellä on vain muutamia paikkoja parvekkeella.	There are only a few seats left in the circle (mezzanine).
Saanko nähdä lippunne?	May I see your ticket?
Tässä on paikkanne.	This is your seat.

Opera—Ballet—Concert *Ooppera—Baletti—Konsertti*

Finland is a country of music and architecture and both of these forms of art are combined in the new ultra modern opera house in the centre of Helsinki. Nearby there is also a large concert hall, Finlandia House, designed by Alvar Aalto, one of Finland's foremost architects.

Can you recommend a good...?	Mikä olisi hyvä...?	mikkæ oalisi hewvæ
ballet	baletti	bahlaytti
concert	konsertti	koansayrtti

DAYS OF THE WEEK, see page 151

opera	**ooppera**	$\overline{oa}$ppayrah
operetta	**operetti**	oapayraytti
Where's the opera house/the concert hall?	**Missä on ooppera|talo/konsertti|sali?**	missæ oan $\overline{oa}$ppayrah**tahloa/** koansayrttisahli
What's on at the opera tonight?	**Mitä ooperassa on tänä iltana?**	mittæ $\overline{oa}$ppayrahssah oan tænæ **il**tahnah
Who's singing/dancing?	**Kuka laulaa/tanssii?**	kookah lah^{oo}laa/**tahns**see
Which orchestra is playing?	**Mikä orkesteri soittaa?**	mikkæ **oar**kaystayri soa^{l}taa
What are they playing?	**Mitä he esittävät?**	mittæ hay ayssittævæt
Who's the conductor/soloist?	**Kuka on kapelli|mestari/solisti?**	kookah oan kahpayllimaystahri

Nightclubs—Discos *Yö\|kerho—Disko*

In the larger towns there are nightclubs and discotheques. Some restaurants provide cabaret-type entertainment and most large restaurants have a dance-floor. Men are usually required to wear a jacket and tie.

During the summer open air dances are very popular. These are held on large, purpose-built covered platforms called *tanssilava* (**tahns**silavah), which are usually situated in a picturesque setting near a lake or in a forest clearing.

Can you recommend a good nightclub?	**Voitteko suositella hyvää yö|kerhoa?**	voa^{l}taykoa s^{oo}asittayllah hewvæ ew^{ll}kayrhoaah
Is there a floor show?	**Onko siellä ohjelmaa?**	oankoa s^{l}ayllæ oahyaylmaa
What time does the show start?	**Mihin aikaan ohjelma alkaa?**	mihin ah^{l}kaan oahyaylmah ahlkaa
Is evening dress required?	**Vaaditaanko ilta|puku?**	vaadittaankoa iltahpookoo
Where can we go dancing?	**Minne voimme mennä tanssimaan?**	minnay voa^{l}mmay maynnæ **tahns**simmaan
Is there a discotheque in town?	**Onko tässä kaupungissa diskoa?**	oankoa tæssæ kah^{oo}poongissah **disk**oaah
Would you like to dance?	**Haluaisitteko tanssia?**	hahlooah^{l}sittaykoa **tahns**siah

Sports *Urheilu*

Is there a football (soccer) match anywhere this Saturday?	**Onko jossain jalka|pallo-ottelua tänä lauantaina?**	oankoa yoassah'n yalkahpahlloa-oattaylooah tænæ lah°°ahntah'nah
Which teams are playing?	**Mitkä joukkueet pelaavat?**	mitkæ yoa°°kkooāyt paylaavaht
Can you get me a ticket?	**Voitteko hankkia minulle lipun?**	voa'ttaykoa hahnkkiah minnoollay lippoon

basketball	**kori|pallo**	koaripahlloa
boxing	**nyrkkeily**	newrkkaylew
car racing	**kilpa-ajot**	kilpahahyoat
cycling	**pyöräily**	pew°°ræilew
cycle racing	**pyörä|kilpailut**	pew°°ækilpah'loot
football (soccer)	**jalka|pallo**	yahlkahpahlloa
ice hockey	**jää|hockey**	yǣhoakkay'
(horse-back) riding	**ratsastus**	rahtsahstooss
mountaineering	**vuoristo|kiipeily**	v°°oaristoakeepay'lew
speed skating	**pika|luistelu**	pikkahloo'stayloo
ski jumping	**mäki|hyppy**	mækihewppew
skiing	**hiihto**	heehtoa
swimming	**uinti**	oo'nti
tennis	**tennis**	taynnis
trotting race	**ravi|kilpailut**	rahvikilpah'loot
volleyball	**lento|pallo**	layntoapahlloa

I'd like to see a boxing match.	**Haluaisin nähdä nyrkkeily|ottelun.**	hahlooah'sin næhdæ newrkkaylewoattayloon
What's the admission charge?	**Mitä on pääsy|maksu?**	mikkæ oan pǣsewmahksoo
Where's the nearest golf course?	**Missä on lähin golf-rata?**	missæ oan læhin golf-rahtah
Where are the tennis courts?	**Missä on tennis-kenttiä?**	missæ oan taynniskaynttiæ
What's the charge per...?	**Mitä on maksu...?**	mikkæ oan mahksoo
day/round/hour	**päivältä/kierrok-selta/tunnilta**	pæ'væltæ/k'ayrroaksayltah/toonniltah
Can I hire (rent) rackets?	**Voinko vuokrata mailat?**	voa'nkoa v°°oakrahtah mah'laht
Where's the race course (track)?	**Missä on kilpa|rata?**	missæ oan kilpahrahtah

Is there any good fishing/hunting around here?	Onko täällä hyviä kalastus|/metsästys|paikkoja?	oankoa tællæ hewviæ kahlahstoos/ maytsæstewspah'kkoayah
Do I need a permit?	Tarvitsenko luvan?	tahrvitsaynkoa loovahn
Where can I get one?	Mistä voin saada sellaisen?	mistæ voa'n saadah sayllah'sayn
Can one swim in the lake/river?	Voiko tuossa järvessä/joessa uida?	voa'koa t°°oassah yærvayssæ/yoa°'ssah oo'dah
Is there a swimming pool here?	Onko täällä uima|allasta?	oankoa tællæ oo'mahahllahstah
Is it open-air or indoor?	Onko se ulko|allas vai sisä|allas?	oankoa say oolkoaahllahs vah' sissæahllahs
Is it heated?	Lämmitetäänkö sitä?	læmmittaytænkur sittæ
What's the temperature of the water?	Mikä on veden lämpö|tila?	mikkæ oan vaydayn læmpurtillah
Is there a sandy beach?	Onko hiekka|rantaa?	oankoa h'aykkahrahntaa

On the beach Rannalla

Is it safe to swim here?	Onko täällä turvallista uida?	oankoa tællæ toorvahllistah oo'dah
Is there a lifeguard?	Onko täällä hengen|pelastajaa?	oankoa tællæ hayngaynpaylahstahyaa
Is it safe for children?	Onko se turvallinen lapsille?	oankoa say toorvahllinayn lahpsillay
The sea is very calm.	Meri on hyvin tyyni.	mayri oan hewvin tewni
There are some big waves.	Suuria aaltoja on jonkin verran.	sooriah aaltoayah oan yoankin vayrrahn
Are there any dangerous currents?	Onko täällä vaarallisia virtoja?	oankoa tællæ vaarahllissiah virtoayah
I want to hire (rent) a/an/ some...	Olisiko ... vuokrattavissa?	oalissikkoa... v°°oakrahttahvissa
bathing hut (cabana)	uima|koppia	oo'mahkoappiah
deck chair	kansi|tuolia/ lepoa|tuolia	kahnsit°°oaliah/ laypoat°°oaliah
motorboat	moottori|venettä	moottoarivaynayttæ
rowing-boat	soutu|venettä	soa°°toovaynayttæ
sailing boat	purje|venettä	pooryayvaynayttæ
skin-diving equipment	sukellus|varusteita	sookaylloosvahroostay'tah
sunshade (umbrella)	aurinko|varjoa	ah°°rinkoavahryoaah

surfboard	laine|lautaa	lah'naylah°°taa
water-skis	vesi|suksia	vayssisooksiah
windsurfer	purje|lautaa	pooryaylah°°taa

| **YKSITYINEN RANTA** | PRIVATE BEACH |
| **UIMINEN KIELLETTY** | NO SWIMMING |

Winter sports *Talvi\|Urheilu*

Cross-country skiing is the number-one winter sport in Finland. Every child learns to ski at the age of 3 or 4, and continues to ski very often for the rest of his or her life. Slalom has also become fashionable during the last few years, although Finnish slopes are modest compared to the Alpine region, for instance. The skiing season lasts from January to March in the southern parts of the country, but in Lapland the best skiing period is in April. Skating is also popular among younger people, and all boys of school age play ice-hockey.

Is there a skating rink near here?	Onko täällä lähellä luistin|rataa?	oankoa tæællæ læhayllæ loo'stinrahtaa
I'd like to ski.	Haluaisin hiihtää.	hahlooah'sin heehtǣ
downhill/cross-country skiing	laskettelu/murto|maa|hiihto	lahskayttayloo/moortoamaaheehtoa
Are there any ski runs for...?	Onko rinnettä...?	oankoa rinnayttæ
beginners	aloittelijoille	ahloa'ttayliyoa'llay
average skiers	tavallisille hiihtäjille	tahvahllisillay heehtæyillay
good skiers	hyville hiihtäjille	hewvillay heehtæyillay
Can I take skiing lessons?	Voinko saada hiihto|tunteja?	voa'nkoa saadah heehtoatoontayyah
Are there any ski lifts?	Onko hiihto|his-sejä?	oankoa heehtoahissayyæ
Are there floodlit ski runs?	Onko valaistuja hiihtomäkiä?	oankoa vahlah'stooyah heehtoamækiæ
I want to hire...	Voinko vuok-rata...?	voa'nkoa v°°oakrahtah
poles	sauvat	sah°°vaht
skates	luistimet	loo'stimmayt
ski boots	hiihto|kengät	heehtoakayngæt
skiing equipment	hiihto|varusteet	heehtoavahroostāyt
skis	sukset	sooksayt

Making friends

Introductions *Esittely*

May I introduce...?	Saanko esitellä...?	saankoa ayssittayllæ
Esko, this is...	Esko, tässä on...	ayskoa tæssæ oan
My name is...	Nimeni on...	nimmayni oan
Pleased to meet you!	Hauska tutustua.	hah⁰⁰skah tootoostooah
What's your name?	Mikä teidän nimenne on?/Mikä sinun nimesi on?	mikkæ tayⁱdæn nimmaynnay oan/mikkæ sinnoon nimmayssi oan
How are you?	Kuinka voitte?/ Mitä kuuluu?	kooⁱnkah voaⁱttay/mittæ kooloo
Fine, thanks. And you?	Kiitos, hyvin. Entä te?/Kiitos, hyvää. Entä sinulle?	keetoass hewvin ayntæ tay/keetoass hewvææ ayntæ sinnoollay

Follow up *Jatko-osa*

How long have you been here?	Kauanko olet(te) ollut täällä?	kah⁰⁰ahnkoa oalayt(tay) oalloot tællæ
We've been here a week.	Olemme olleet täällä viikon.	oalaymmay oallāyt tællæ veekoan
Is this your first visit?	Onko tämä teille/ sinulle ensimmäi- nen käynti?	oankoa tæmæ tayⁱllay/ sinnoollay aynsimmæinayn kæᵉʷnti
No, we came here last year.	Ei, tulimme tänne viime vuonna.	ayⁱ toolimmay tænnay veenay v⁰⁰oannah
Are you enjoying your stay?	Viihdyt(te)kö täällä?	veehdewt(tay)kur tællæ
Yes, I like it very much.	Kyllä, minusta täällä on mukavaa.	kewllæ minnoostah tællæ oan mookahvaa
I like the scenery a lot.	Pidän maisemasta.	piddæn mahⁱsaymahstah
What do you think of the country/people?	Mitä pidät(te) maasta/ihmisistä?	mittæ piddæt(tay) maastah/ihmissistæ
Where do you come from?	Mistä päin tulet (te)?	mistæ pæⁱn toolayttay
I'm from...	Olen...-sta/...-lta	oalayn...-stah/...-ltah

Finnish has two words for 'you': *te* and *sinä, te* being the polite form. Throughout this section we give the formal version of the phrase followed by the informal where appropriate. See GRAMMAR for more details.

What nationality are you?	Mitä kansallisuutta olet(te)?	mittæ **kahn**sallissōōttah **oa**layt(tay)
I'm...	Olen...	**oa**layn
American	amerikkalainen	ah**may**rikkahlah'nayn
British	britti	**britti**
Canadian	kanadalainen	kah**nah**dahlah'nayn
English	englantilainen	**ayng**lahntillah'nayn
Irish	irlantilainen	**eer**lahntillah'nayn
Where are you staying?	Missä asut(te)?	**missæ** **ah**soottay
Are you on your own?	Olet(te)ko yksin?	**oa**layt(tay)koa **ewk**sin
I'm with my...	Minulla on mukana...	**min**noollah oan **moo**kahnah
wife	vaimo	**vah**'moa
husband	aviomies	**ah**vioam'ays
family	perhe	**payr**hay
children	lapset	**lahp**sayt
parents	vanhemmat	**vahn**haymmaht
boyfriend/girlfriend	poika|ystävä/ tyttö|ystävä	**poa**'kahewrstævæ/ **tewt**turewstævæ

father/mother	isä/äiti	**issæ/æi**ti
son/daughter	poika/tytär	**poa**'kah/**tewt**tær
brother/sister	veli/sisko	**vay**li/**sis**koa
uncle/aunt	setä/täti	**sayt**tæ/**tæt**ti
nephew (brother's son)/niece (brother's daughter)	veljen|poika/ veljen|tytär	**vayl**yaynpoa'kah/ **vayl**yayntewtær
nephew (sister's son)/niece (sister's daughter)	sisaren|poika/ sisaren|tytär	**sis**sahraynpoa'kah/ **sis**sahrayntewtær
cousin	serkku	**sayrk**koo

Are you married/single?	Olet(te)ko naimisissa/naimaton?	**oa**layt(tay)koa **nah**'mississah/ **nah**'mahtoan
Do you have children?	Onko teillä/sinulla lapsia?	**oan**koa tay'llæ/**sin**noollah **lahp**siah
What do you do?	Mitä teet(te) täällä?	**mittæ tāȳt**(tay) tǣllæ
I'm a student.	Olen opiskelija.	**oa**layn **oa**piskayliyah

COUNTRIES, see page 146

What are you studying?	**Mitä opiskelet(te)?**	mittæ oapiskaylayt(tay)
I'm here on a business trip/on holiday.	**Olen täällä liike|matkalla/ lomalla.**	oalayn tǣllæ leekaymahtkahllah/ loamahllah
Do you travel a lot?	**Matkustat(te)ko paljon?**	mahtkoostaht(tay)koa pahlyoan

The weather *Sää*

What a lovely day!	**Ihana päivä!**	ihhahnah pæⁱvæ
What awful weather!	**Kaamea ilma!**	kaamayah ilmah
Isn't it cold/ hot today?	**Eikö olekin kylmä/ kuuma tänään?**	ayⁱkur oalaykin kewlmæ/ kōōmah tænǣn
Is it usually as warm as this?	**Onko tavallisesti näin lämmintä?**	oankoa tahvahllissaysti næⁱn læmmintæ
Do you think it's going to… tomorrow?	**Luulet(te)ko, että huomenna …?**	lōōlayt(tay)koa ayttæ hᵒᵒoamaynnah
be a nice day	**on kaunis päivä**	oan kahᵒᵒnis pæⁱvæ
rain	**sataa**	sahtaa
snow	**sataa lunta**	sahtaa loontah
What's the weather forecast?	**Mikä on sää|ennuste?**	mikkæ oan sǣaynnoostay

cloud	**pilvi**	pilvi
fog	**sumu**	soomoo
frost	**pakkanen**	pahkkahnayn
hail	**rae**	rahay
ice	**jää**	yǣ
lightning	**salama**	sahlahmah
moon	**kuu**	kōō
rain	**sade**	sahday
sky	**taivas**	tahⁱvahs
snow	**lumi**	loomi
star	**tähti**	tæhti
sun	**aurinko**	ahᵒᵒrinkoa
thunder	**ukkonen**	ookkoanayn
thunderstorm	**ukkos|myrsky**	ookkoasmewrskew
wind	**tuuli**	tᵒᵒli

DAYS OF THE WEEK, see page 151

Invitations *Kutsuja*

Would you like to have dinner with us on…?	**Haluaisit(te)ko syödä päivällistä kanssamme…na?**	hahlooah'sit(tay)koa s⁰ᵘurdæ pæ'væellistæ kahnssahmmay…nah
May I invite you to lunch?	**Tulisit(te)ko kanssani lounaalle?**	toolissit(tay)koa kahnssahni loa⁰⁰naallay
Can you come round for a drink this evening?	**Tulisit(te)ko kanssani drinkille tänä iltana?**	toolissit(tay)koa kahnssahni drinkillay tænæ iltahnah
There's a party. Are you coming?	**On kutsut. Olet-(te)ko tulossa?**	oan kootsoot oalayt(tay)koa tooloassah
That's very kind of you.	**Hyvin ystävällistä.**	hewvin ewstævæellistæ
Great. I'd love to come.	**Hienoa. Tulen mielelläni.**	h'aynoah toolayn m'aylaylllæni
What time shall we come?	**Mihin aikaan voimme tulla?**	mihin ah'kaan voa'mmay toollah
May I bring a friend?	**Voinko tuoda erään ystäväni?**	voa'nkoa t⁰⁰adah ayrææn ewstævæni
I'm afraid we have to leave now.	**Nyt meidän täytyy lähteä.**	newt may'dæn tæ⁰ᵘtew læhtayæ
Next time you must come to visit us.	**Ensi kerralla tei-dän/sinun täytyy tulla käymään meillä.**	aynsi kayrrahllah tay'dæn/sinnoon tæ⁰ᵘtew toollah kæ⁰ᵘmææn may'llæ
Thanks for the evening. It was great.	**Kiitos illasta. Oli oikein mukavaa.**	keetoass illahstah oali oa'kay'n mookahvaa

Dating *Treffit*

Do you mind if I smoke?	**Häiritseekö, jos poltan?**	hæ'ritsāyk⁰ᵘ yoas poaltahn
Would you like a cigarette?	**Haluaisit(te)ko savukkeen?**	haahlooah'sit(tay)koa sahvookkāyn
Do you have a light, please?	**Saisinko tulta?**	sah'sinkoa tooltah
Why are you laughing?	**Miksi naurat(te)?**	miksi nah⁰⁰raht(tay)
Is my Finnish that bad?	**Onko suomen|kieleni niin kehnoa?**	oankoa s⁰⁰oamaynk'aylayni neen kayhnoah
Do you mind if I sit here?	**Häiritseekö, jos istun tähän?**	hæ'ritsāyk⁰ᵘ yoas istoon tæhæn
Can I get you a drink?	**Saanko tarjota drinkin?**	saankoa tahryoatah drinkin

Are you waiting for someone?	Odotat(te)ko jotak-uta?	oadoataht(tay)koa yoatahkootah
Are you free this evening?	Olet(te)ko vapaa tänä iltana?	oalayttaykoa vahpaa tænæ iltahnah
Would you like to go out with me tonight?	Lähtisit(te)kö kans-sani ulos tänä iltana?	læhtissit(tay)kur kahnssahni ooloass tænæ iltahnah
Would you like to go dancing?	Lähtisit(te)kö tans-simaan?	læhtissit(tay)kur tahnssimmaan
I know a good discotheque.	Tiedän hyvän dis-kon.	tʲaydæn hewvæn diskoan
Shall we go to the cinema (movies)?	Menisimmekö elo-kuviin?	maynissimmaykur ayloakooveen
Would you like to go for a drive?	Lähtisit(te)kö aje-lulle?	læhtissit(tay)kur ahyayloollay
Where shall we meet?	Missä tapaamme?	missæ tahpaammay
I'll pick you up at your hotel.	Haen teidät/sinut hotellilta.	hahayn tayʲdæt/sinnoot hoataylliltah
I'll call for you at 8.	Tulen kello 8.	toolayn kaylloa kahdayksahltah
May I take you home?	Saanko saattaa teidät/sinut kotiin?	saankoa saattaa tayʲdæt/sinnoot koateen
Can I see you again tomorrow?	Voimmeko tavata huomenna uudel-leen?	voaʲmmaykoa tahvahtah hᵒᵒamaynnah ōōdayllāyn
I hope we'll meet again.	Toivon, että tapaamme uudel-leen.	toaʲvoan ayttæ tahpaammay ōōdayllāyn

... and you might answer:

I'd love to, thank you.	Kiitos, mielelläni.	keetoass mʲaylayllæni
Thank you, but I'm busy.	Kiitos, mutta minulle ei sovi.	keetoass moottah minnoollay ayʲ soavi
No, I'm not inter-ested, thank you.	Ei kiitos. Ei kiin-nosta.	ayʲ keetoass ayʲ keennoastah
Leave me alone, please!	Jättäkää minut rauhaan!	yættækāē minnoot rahᵒᵒhaan
Thank you, it's been a wonderful evening.	Kiitos, on ollut ihana ilta.	keetoass oan oalloot ihhahnah iltah
I've enjoyed myself.	Minulla on ollut hauskaa.	minnoollah oan oalloot hahᵒᵒskaa

Shopping Guide

This shopping guide is designed to help you find what you want with ease, accuracy and speed. It features:

1. A list of all major shops, stores and services (p.98).

2. Some general expressions required when shopping to allow you to be specific and selective (p.100).

3. Full details of the shops and services most likely to concern you. Here you'll find advice, alphabetical lists of items and conversion charts listed under the headings below.

		page
Bookshop/ Stationer's	books, magazines, newspapers, stationery	104
Camping and sports equipment	useful items for camping and other leisure activities	106
Chemist's (drugstore)	medicine, first-aid, cosmetics, toilet articles	107
Clothing	clothes and accessories, shoes	111
Electrical appliances	radios, cassette recorders, shavers	118
Grocery	some general expressions, weights, measures and packaging	119
Household articles	useful items for the house: tools, crockery, cutlery	120
Jeweller's/ Watchmaker's	jewellery, watches, watch repairs	121
Optician	glasses, lenses, binoculars	123
Photography	cameras, films, developing, accessories	124
Tobacconist's	smoker's supplies	126
Miscellaneous	souvenirs, records, cassettes, toys	127

LAUNDRY, see page 29/HAIRDRESSER'S, see page 30

Ostosopas

Shops, stores and services *Myymälät, tavara|talot ja palvelut*

Shops are usually open from 9 a.m. to 5 or 6 p.m. on weekdays, closing at 3 p.m. on Saturday and all day Sunday. Some large stores stay open until 8 p.m. one or two nights, usually Mondays and Fridays. During June, July and August, however, shopping hours are somewhat limited.

Where's the nearest...?	**Missä on lähin ...?**	missæ oan læhin
antique shop	**antiikki|kauppa**	ahnteekkikah°°uppah
art gallery	**taide|galleria**	tah'daygahllayriah
baker's	**leipomo**	laypoamoa
bank	**pankki**	pahnkki
barber's	**parturi**	pahrtoori
beauty salon	**kauneus|hoitola**	kah°°nay°°shoa'toalah
bookshop	**kirja|kauppa**	keeryuaka°°uppah
butcher's	**liha|kauppa**	lĺhahka°°uppah
camera shop	**valo|kuvaus|liike**	vahloakoovah°°usleekay
chemist's	**apteekki**	ahptāykki
dairy	**maito|kauppa**	mah'toka°°uppah
delicatessen	**herkku|myymälä**	hayrkkoomewmælæ
dentist	**hammas|lääkäri**	hahmmahslǣkæri
department store	**tavara|talo**	tahvahrahtaloa
drugstore	**apteekki**	ahptāykki
dry cleaner's	**pesula**	payssoolah
electrical goods shop	**sähkö|liike**	sæhkurleekay
fishmonger's	**kala|kauppa**	kahlahka°°uppah
florist's	**kukka|kauppa**	kookkahka°°uppah
furrier's	**turkis|liike**	toorkisleekay
greengrocer's	**vihannes|myymälä**	vihahnnaysmēwmælæ
grocer's	**seka|tavara|kauppa**	saykahtahvahrahka°°uppah
hairdresser's (ladies/ men)	**kampaaja/parturi**	kahmpaayah/pahrtoori
hardware store	**kodin|kone|myy-mälä**	koadinkoaneymēwmælæ
health food shop	**luon-tais|tuote|myy-mälä**	l°°oantais'st°°oataymēw mælæ
hospital	**sairaala**	sah'raahlah
ironmonger's	**rauta|kauppa**	rah°°tahkah°°ppah
jeweller's	**kulta|seppä**	kooltahsæppæ
launderette	**itse|palvelu|pesula**	itsaypahlvayloopayssoolah
laundry	**pesula**	payssoolah

library	**kirjasto**	**keer**yahstoa
market	**tori**	**toari**
newsagent's	**lehti|myymälä**	**layhtimew**mælæ
newsstand	**lehti|kioski**	**layhtikioaski**
optician	**optikko**	**oaptikkoa**
pastry shop	**konditoria**	**koandittoariah**
photographer	**valo|kuvaamo**	**vahloakoovaamoa**
police station	**poliisi|asema**	**poaleesiahsaymah**
post office	**posti**	**poasti**
second-hand shop	**osto- ja myynti|liike**	**oasto- yah mewntileekey**
shoemaker's (repairs)	**suutari**	**sootahri**
shoe shop	**kenkä|kauppa**	**kaynkækah°°ppah**
shopping centre	**ostos|keskus**	**oastoaskayskooss**
souvenir shop	**matka|muisto|myymälä**	**mahtkamoo'stoamewmælæ**
sporting goods shop	**urheilu|väline|kauppa**	**oorhayloovælinaykah°°ppah**
stationer's	**paperi|kauppa**	**pahpayrikah°°ppah**
supermarket	**valinta|myymälä**	**vahlintahmewmælæ**
sweet shop	**makeis|kauppa/karkki|kauppa**	**mahkayskah°°ppah/kahrkkikah°°ppah**
tailor's	**räätäli**	**rætæli**
telegraph office	**lennätin**	**laynnætin**
tobacconist's	**tupakka|kauppa**	**toopahkkahkah°°ppah**
toy shop	**lelu|kauppa**	**laylookah°°ppah**
travel agency	**matka|toimisto**	**mahtkahtoa'mistoa**
vegetable store	**vihannes|kauppa**	**vihahnnayskah°°ppah**
veterinarian	**eläin|lääkäri**	**elæ'nlækæri**
watchmaker's	**kello|seppä**	**kaylloasayppæ**
wine merchant	**alko**	**ahlkoa**

SISÄÄN	ENTRANCE
ULOS	EXIT
HÄTÄ|ULOS|KÄYNTI	EMERGENCY EXIT

General expressions *Yleisiä ilmauksia*

Where? *Missä?*

Where's there a good...?	**Missä on hyvä...?**	missæ oan hewvæ
Where can I find a...?	**Mistä löytyy...?**	mistæ lur^{ew}tēw
Where's the main shopping area?	**Missä on tärkein ostos|alue?**	missæ oan tærkay'n oastoasahlooay
Is it far from here?	**Onko se kaukana täältä?**	oankoa say kah°°kahnah tælltæ
How do I get there?	**Miten sinne pääsee?**	mittayn sinnay pæesāy

---

ALE/ALENNUS|MYYNTI	SALE

Service *Palvelu*

Can you help me?	**Voitteko auttaa minua?**	voa'ttaykoa ah°°ttaa minnooah
I'm just looking.	**Minä vain katselen.**	minnæ vah'n kahtsaylayn
Do you sell...?	**Myyttekö...-a?**	mēwttaykur...-a
I'd like to buy...	**Ostaisin...-n/-a**	oastah'sin...-n/-a
I'd like...	**Haluaisin...-n/-a**	hahlooah'sin...-n/-a
Can you show me some...?	**Voitteko näyttää minulle...-n/-a?**	voa'ttaykoa næ^{ew}ttæ minnoollay...-n/-a
Do you have any...?	**Onko teillä...-a?**	oankoa tay'llæ...-a
Where's the... department?	**Missä on... -osasto?**	missæ oan...-oasahstoh
Where is the lift (elevator)?	**Missä on hissi?**	missæ oan hissi
Can you show me...?	**Voitteko näyttää minulle...?**	voa'ttaykoa næ^{ew}ttæ minnoollay
this/that	**tätä/tuota**	tætæ/t°°oatah
the one in the window/in the display case	**sitä, joka on ikkunassa/ näytteillä olevaa**	sittæ yoakah oan ikkoonahssah/ næ^{ew}ttay'llæ oalayvaa

Defining the article *Tavaran määrittely*

I'd like a . . . one.	Minulle saisi olla . . .	minnullay sah'si oallah
big	iso	issoa
cheap	halpa	hahlpah
dark	tumma	toommah
good	hyvä	hewvæ
heavy	painava	pah'nahvah
large	suurta kokoa	soortah koakoah
light (weight)	kevyt	kayvewt
light (colour)	vaalea	vaalayah
oval	soikea	soa'kayah
rectangular	suora|kulmainen	s°°oarahkoolmah'nayn
round	pyöreä	p°ʷurrayæ
small	pieni	p'ayni
square	nelis|kulmainen	nayliskoolmah'nayn
sturdy	tanakka	tahnahkkah
I don't want any-thing too expensive.	En halua mitään liian kallista.	ayn hahlooah mittǣn leeahn kahllistah

Preference *Mieltymykset*

Can you show me some others?	Voitteko näyttää jotain muita?	voa'ttaykkoa nǣʷttǣ yoatah'n moo'tah
Don't you have any-thing . . . ?	Eikö teillä olisi jotain . . . ?	aykur tay'llæ oalissi yoatah'n
cheaper/better	halvempaa/parem-paa	hahlvaympaa/pahraympaa
larger/smaller	suurempaa/pie-nempää	sooraympaa/p'aynaympǣ

How much? *Paljonko?*

How much is this?	Paljonko tämä maksaa?	pahlyoankoa tæmæ mahksaa
How much are they?	Paljonko nämä maksavat?	pahlyonkoa næmæ mahksavaht
I don't understand.	En ymmärrä.	ayn ewmmærræ
Please write it down.	Voisitteko kirjoit-taa.	voa'sittayko keeryoattaa
I don't want to spend more than . . . euros.	En halua maksaa enempää kuin . . . euroa.	ayn hahlooah mahksaa aynaympǣ koo'n . . . ay°°roah

COLOURS, see page 112

Decision *Päätös*

It's not quite what I want.	**Se ei ole aivan sitä, mitä haluan.**	say ay¹ oalay ah¹vahn sittæ mittæ hahlooahn
No, I don't like it.	**Ei, en pidä siitä.**	ay¹ ayn piddæ seetæ
I'll take it.	**Otan sen.**	oatahn sayn

Ordering *Tilaaminen*

| Can you order it for me? | **Voitteko tilata sen minulle?** | voa¹ttaykoa tillahtah sayn minnoollay |
| How long will it take? | **Kauanko se kestää?** | kah°°ahnkoa say kaystǣ |

Delivery *Toimitus*

I'll take it with me.	**Otan sen mukaan.**	oatahn sayn mookaan
Deliver it to the... Hotel.	**Hotelli.... Toimittakaa se sinne.**	hoataylli ... toa¹mittahkaa say sinnay
Please send it to this address.	**Lähettäisittekö sen tähän osoitteeseen.**	læhayttæ¹sittaykur sayn tæhæn oassoa¹ttæysayn
Will I have any difficulty with the customs?	**Onko minulla vaikeuksia tullissa?**	oankoa minnoollah vah¹kay°°ksiah toollissah

Paying *Maksaminen*

How much is it?	**Paljonko se maksaa?**	pahlyoankoa say mahksaa
Can I pay by traveller's cheque?	**Voinko maksaa matka|shekillä?**	voa¹nkoa mahksaa mahtkahshaykillæ
Do you accept dollars/pounds?	**Hyväksyttekö dollareita/puntia?**	hewvæksewttaykur doallahraytah/poontiah
Do you accept credit cards?	**Hyväksyttekö luotto|kortteja?**	hewvæksewttaykur l°°oattoakoarttayyah
Do I have to pay the VAT (sales tax)?	**Täytyykö minun maksaa liike|vaihto|vero?**	tæ°ᵂtewkur minnoon mahksaa leekayvah¹htoavayroa
I think there's a mistake in the bill.	**Laskussa taitaa olla virhe.**	lahskoossah tah¹taa oallah veerhay

Anything else? *Saako olla muuta?*

No, thanks, that's all.	**Ei, kiitos. Siinä kaikki.**	ay¹ **kee**toass **see**næ kah¹**kki**
Yes, I'd like...	**Kyllä. Haluaisin...**	**kewl**læ **hah**looah¹sin
Can you show me...?	**Voitteko näyttää minulle...-n/-a?**	voa¹ttaykoa næ⁰ʷttæ **min**noolle...-n/-a
May I have a bag, please?	**Saisinko kassin, kiitos.**	**sah**¹sinkoa **kahss**in **kee**toass
Could you wrap it up for me, please?	**Panisitteko sen pakettiin.**	**pah**nissittaykoa sayn **pah**kaytteen
May I have a receipt?	**Saisinko kuitin.**	**sah**¹sinkoa **koo**¹tin

Dissatisfied? *Tyytymätön?*

Can you exchange this, please?	**Voisitteko vaihtaa tämän.**	voa¹sittaykoa **vah**¹htaa **tæ**mæn
I want to return this.	**Palauttaisin tämän.**	**pah**lah⁰⁰ttah¹sin **tæ**mæn
I'd like a refund. Here's the receipt.	**Saisinko rahat takaisin. Tässä on kuitti.**	**sah**¹sinkoa **rah**haht tahkah¹sin **tæ**ssæ oan**koo**¹tti

Voinko auttaa?	Can I help you?
Mitä saisi olla?	What would you like?
Mitä... saisi olla?	What... would you like?
väriä/muotoa/laatua	colour/shape/quality
Valitettavasti meillä ei ole sellaista.	I'm sorry, we don't have any.
Tällä hetkellä meillä ei ole sitä varastossa.	We're out of stock at the moment.
Tilaammeko teille sellaisen?	Shall we order it for you?
Otatteko sen mukaanne vai lähetämmekö sen?	Will you take it with you or shall we send it?
Entä muuta?/Saako olla muuta?	Anything else?
... markkaa, olkaa hyvä.	That's... marks, please.
Kassa on tuolla.	The cash desk is over there.

Bookshop—Stationer's Kirja|kauppa—Paperi|kauppa

In Finland bookshops and stationers' are usually combined, but separate stationers' also exist. Newspapers and magazines are sold at newsstands.

Where's the nearest...?	**Missä on lähin...?**	missæ oan læhin
bookshop	**kirja|kauppa**	keeryahkah°°ppah
stationer's	**paperikauppa**	pahpayrika°°ppah
newsstand	**lehtikioski**	layhtikioaski
Where can I buy an English-language newspaper?	**Mistä voi ostaa englannin|kielisiä sanoma|lehtiä?**	mistæ voa¹ oastaa aynglahnnink¹aylissiæ sahnoamahlayhtiæ
Where's the guide-book section?	**Missä on opas|kirja|osasto?**	missæ oan oapahskeeryahoassahstoa
Where do you keep the English books?	**Missä teillä on englannin|kielisiä kirjoja?**	missæ tay¹llæ oan aynglahnnink¹aylissiæ keeryoayah
Have you any of...'s books in English?	**Onko teillä... kir-joja englanniksi?**	oankoa tay¹llæ keeryoayah aynglahnniksi
Do you have second-hand books?	**Onko teillä antik-variaatti-osastoa?**	oankoa tayllæ ahnteekvahriaatti-oasahstoa
I want to buy a/an/some...	**Saisinko....**	sah¹sinkoa
address book	**osoite|kirjan**	oassoa¹taykeeryahn
adhesive tape	**teippi|rullan**	tay¹ppiroollahn
ball-point pen	**kuula|kärki|kynän**	koolahkærkikewnæn
book	**kirjan**	keeryan
calendar	**kalenterin**	kahlayntayrin
carbon paper	**hiili|(jäljen-nös)|paperia**	heeli(yælyaynnurs) pahpayriah
crayons	**väri|kyniä**	værikewniæ
dictionary	**sana|kirjan**	sahnahkeeryan
Finnish-English	**suomi|englantl**	s⁽ᵘ⁾oami-aynglahnti
pocket	**tasku|kokoa**	tahskookoakoah
drawing paper	**piirustus|paperia**	peeroostoospahpayriah
drawing pins	**piirustus|neuloja**	peeroostoosnay°°loayah
envelopes	**kirje|kuoria**	keeryayk°°oariah
eraser	**pyyhe|kumin**	pēwhaykoomin
exercise book	**kirjoitus|vihon**	keeryoa¹toosvihhoan
felt-tip pen	**huopa|kärki|kynän**	h°°oapahkærkikewnæn
fountain pen	**täyte|kynän**	tæᵉʷᵗaykewnæn
glue	**liimaa**	leemaa

grammar book	kieli|opin	k'aylioapin
guidebook	opas|kirjan	oapahskeeryahn
ink	mustetta	moostayttah
black/red/blue/	mustaa/ punaista/sinistä	moostaa /poonnah'stah/ sinnistæ
(adhesive) labels	(itse|liimautuvia) nimi|lappuja	(ittseleemah°°tooviah) nimmilahppooyah
magazine	aika|kaus|lehden	ah'kahkah°°slayhdayn
map	kartan	kahrtahn
street map	kaupungin kartan	ka°°poongin kahrtahn
road map of...	tie|kartan, jossa näkyy...	t'aykahrtahn yoassa nækew
mechanical pencil	lyijy|täyte|kynän	lew'yewtæ'ewtaykewnæn
newspaper	sanomalehden	sahnoamahlayhdayn
American/English	amerikkalaisen/ englantilaisen	ahmayrikkahlah'sayn/ aynglantillah'sen
notebook	muisti|kirjan	moo'stikeeryahn
note paper	kirjoitus|paperia	keeryoa'toospahpayriah
paintbox	vesi|väri|rasian	vayssiværirahsiahn
paper	paperia	pahpayriah
paperback	tasku|kirjan	tahskookeeryan
paperclips	(paperi|)liittimiä	(pahpayri)leettimmiæ
paper napkins	paperi|lautas|lii- noja	pahpayrilah°°tahslee- noayah
paste	liimaa	leemaa
pen	kynän	kewnæn
pencil	lyijy|kynän	lew'yewkewnæn
pencil sharpener	kynän|teroittimen	kewnæntayroa'ttimmayn
playing cards	peli|kortit	paylikoartit
pocket calculator	tasku|laskimen	tahskoolahskimmayn
postcard	posti|kortin	poastikoartin
propelling pencil	(kierrettävän) lyijy|täyte|kynän	(k'ayrrayttævæn) lew'yewtæ'ewtaykewnæn
refill (for a pen)	säiliön (kynään)	sæ'liurn (kewnææn)
rubber	pyyhe|kumin	pewhaykoomin
ruler	viivottimen	veevoattimmayn
staples	niittejä	neettayyæ
string	narua	nahrooah
thumbtacks	piirustus|nastoja	peeroostoosnahstoayah
travel guide	matka|oppaan	mahtkahoappaan
typewriter ribbon	kirjoitus|koneen väri|nauhan	keeryoa'tooskoanayn værinah°°hahn
typing paper	kone|kirjoi- tus|paperia	koanaykeeryoa'toospah- payriah
writing pad	lehtiön	layhtiurn

Camping and sports equipment *Leirintä ja urheilu|varusteita*

I'd like to hire a(n)/ some...	**Haluaisin vuokrata...-n/-a**	hahlooah'sin v°°oakrahtah...-n/-a
air bed (mattress)	**ilma|patjan**	ilmahpahtyahn
butane gas	**nestekaasua (butaania)**	naystaykaassooah (bootaahniah)
campbed	**teltta|sängyn**	taylttahsængewn
(folding) chair	**(kokoon|pantavan) tuolin**	(koakōānpahntahvahn) t°°oalin
charcoal	**grilli|hiiliä**	grilliheeliæ
compass	**kompassin**	koampahssin
cool box	**kylmä|kassin**	kewlmækahssin
fire lighters	**sytykkeitä**	sewtewkkay'tæ
fishing tackle	**kalastus|välineitä**	kahlahstoosvælinnay'tæ
flashlight	**tasku|lampun**	tahskoolahmpoon
groundsheet	**teltta|patjan**	taylttahpahtyahn
hammock	**riippu|maton**	reeppoomahtoan
ice pack	**jää|pussin**	yǣpoossin
insect spray (killer)	**hyönteis|suihkeen**	h°°urntay'ssoo'hkayn
kerosene	**valo|petrolia**	vahloapaytroaliah
lamp	**lampun**	lahmpoon
lantern	**lyhdyn**	lewhdewn
mallet	**nuijan**	noo'yahn
matches	**tuli|tikkuja**	toolitikkooyah
(foam rubber) mattress	**(vaahto|muovi|) patjan**	(vaahtoam°°oavi)pahtyahn
mosquito net	**hyttys|verkkoa**	hewttewsvayrkkoah
paraffin	**valo|petrolia /(lamppu|öljyä)**	vahloapaytroaliah /(lahmppoourlyewæ)
picnic basket	**eväs|korin**	ayvæskoarin
pump	**pumpun**	poompoon
rope	**köyttä**	kur°ʷttæ
rucksack	**repun**	raypoon
skiing equipment	**hiihto|välineet**	heehtoavælinnāyt
skin-diving equipment	**sukellus|välineet**	sookaylloosvælinnāyt
sleeping bag	**makuu|pussin**	mahkūūpoossin
(folding) table	**(kokoon|taitettavan) pöydän**	(koakōāntah'tayttahvahn) pur°ʷdæn
tent	**teltan**	tayltahn
tent pegs	**teltta|puikkoja**	taylttahpoo'kkoayah
tent pole	**teltta|seipään**	taylttahsay'ppǣn
torch	**tasku|lampun**	tahskoolahmpoon
windsurfer	**purje|laudan**	pooryaylah°°dahn
water flask	**kenttä|pullon**	kaynttæpoolloan

CAMPING, see page 32

Chemist's (drugstore) *Apteekki*

Finnish chemists' don't stock the great range of goods you'll find in Britain or the U.S. They only sell medicines. Because of strict Finnish regulations, it's difficult to buy anything much stronger than aspirin without a prescription. This means that, although what you're looking for may be on the chemist's shelf, you may not be able to obtain it. For perfume, cosmetics etc., you must go to a *kemikaali|kauppa* (**kay**mikkaali-**kah°°ppah**).

A notice in the window of any chemist's shop lists the address of the nearest all-night chemist's.

This section has been divided into two parts:

1. Pharmaceutical—medicine, first-aid etc.
2. Toiletry—toilet articles, cosmetics

General *Yleistä*

Where's the nearest (all-night) chemist's?	**Missä on lähin (yö|)apteekki?**	missæ oan læhin (°°ur) ahptāykki
What time does the chemist's open/ close?	**Mihin aikaan apteekki aukeaa/ menee kiinni?**	mihin ah'kaan ahptāykki ah°°kayaa/maynāy keenni

1—Pharmaceutical *Lääkkeitä*

I'd like something for...	**Saisinko jotain ...**	sah'sinkoa yoatah'n
a cold/a cough	**vilustumiseen/ yskään**	viloostoomissāyn/ewskǣn
hay fever	**heinä|nuhaan**	hay'nænoohaahn
insect bites	**hyönteisen pistok- siin**	h°°urntay'sayn pistoakseen
sunburn	**auringon poltta- maan ihoon**	ah°°ringoan poalttahmaan ihhōan
travel/altitude sickness	**matka-/lento- pahoin|vointiin**	mahtkah-/layntoa- pahhoa'nvoa'nteen
an upset stomach	**vatsa|vaivoihin**	vahtsahvah'voa'hin
Can you prepare this prescription for me?	**Saisinko lääkkeen tällä reseptillä.**	sah'sinkoa lǣkkayn tællæ rayssayptillæ
Can I get it without a prescription?	**Saako sen ilman reseptiä?**	saakoa sayn ilmahn rayssayptiæ
Shall I wait?	**Odotanko?/Saako sen odottaessa?**	oadoatahnkoa/saakoa sayn oadoattahayssah

DOCTOR, see page 137

Can I have a/an/some ...?	Saisinko ...	sah'sinkoa
adhesive plaster	laastaria	laastahriah
analgesic	jotain kipua lievittävää	yottah'n kippooah l'ayvittævææ
antiseptic cream	antiseptistä voidetta	ahntissayptistæ voa'dayttah
aspirin	aspiriinia	aahspireeniah
bandage	siteen	sittæyn
elastic bandage	kimmo|siteen/ideaali|siteen	kimmoasittæyn/iddayaalisittæyn
Band-Aids®	laastaria	laastahriah
condoms	kondomeja	koandoamayyah
contraceptives	ehkäisy|välineitä	ayhkæ'sewvælinnay'tæ
corn plasters	liika|varvas|laastaria	leekahvahrvahslaastahriah
cotton wool (absorbent cotton)	vanua	vahnooah
cough drops	yskän|lääkettä	ewskænlǣkayttæ
disinfectant	desifiointi|ainetta	dayssinfloa'ntiah'nayttah
ear drops	korva|tippoja	koarvahtippoayah
eye drops	silmä|tippoja	silmætippoayah
first-aid kit	ensi|apu|pakkauksen	aynsiahpoopahkkah°°ksayn
gauze	side|harsoa	siddayhahrsoaah
insect repellent/spray	hyttys|öljyä/hyönteis|suihketta	hewttewsurlyewæ/hᵉʷurntay'ssoo'hkayttah
iodine	jodia	yoadiah
laxative	ulostus|lääkettä	ooloastoaslǣkayttæ
mouthwash	suu|vettä	soovayttæ
nose drops	nenä|tippoja	naynætippoayah
sanitary towels (napkins)	terveys|siteitä	tayrvay°ʷssittay'tæ
sleeping pills	uni|tabletteja	oonitahblayttayyah
suppositories	perä|puikkoja	payræpoo'kkoayah
... tablets	...-tabletteja	-tahblayttayyah
tampons	tampooneja	tahmpoanayyah
thermometer	lämpö|mittarin	læmpurmittahrin
throat lozenges	kurkku|tabletteja	koorkkootahblayttayyah
tranquillizers	rauhoittavaa lääkettä	rah°ohoa'ttahvaa lǣkayttæ
vitamin pills	vitamiini|pillereitä	vittahmeenipillayray'tæ

MYRKKYÄ	POISON
VAIN ULKOISEEN KÄYTTÖÖN	FOR EXTERNAL USE ONLY

2—Toiletry *Kosmetiikka*

I'd like a/an/some...	Saisinko...	sah'sinkoa
after-shave lotion	parta|vettä	pahrtahvayttæ
astringent	kasvo|vettä	kahsvoavayttæ
bath salts	kylpy|suolaa	kewlpews°°oalaa
blusher (rouge)	poski|punaa	poaskipoonaa
bubble bath	kylpy|vaahtoa	kewlpewvaahtoah
cream	voidetta	voa'dayttah
cleansing cream	puhdistus|voi- detta	poohdistoosvoa'dayttah
foundation cream	alus|voidetta	ahloosvoa'dayttah
moisturizing cream	kosteus|voidetta	koastay°°svoa'dayttah
night cream	yö|voidetta	°wurvoa'dayttah
cuticle remover	kynsi|nauha|vettä	kewnsinah°°hahvayttæ
deodorant	deodoranttia	dayoadoarahnttiah
emery board	hiekka|paperi|viilan	h'aykkahpahpayriveelahn
eyebrow pencil	kulma|kynän	koolmahkewnæn
eyeliner	silmän|rajaus| väriä|rajaus| kynän	silmænrahyahoosværiæ/ rahyahooskewnæn
eye shadow	luomi|väriä	l°°oamiværiæ
face powder	kasvo|puuteria	kahsvoapootayriah
foot cream	jalka|voidetta	yahlkahvoa'dayttah
hand cream	käsi|voidetta	kæsivoa'dayttah
lipsalve	huuli|rasvaa	hoolirahsvaa
lipstick	huuli|punaa	hoolipoonaa
make-up remover pads	meikin|poisto|- -vanua	may'kin poa'stoa- vahnooah
nail brush	kynsi|harjan	kewnsihahryahn
nail clippers	kynsi|leikkurin	kewnsilay'kkoorin
nail file	kynsi|viilan	kewnsiveelahn
nail polish	kynsi|lakkaa	kewnsilahkkaa
nail polish remover	kynsi|lakan| poisto|ainetta	kewnsilahkahnpoa'stoaah' nayttah
nail scissors	kynsi|sakset	kewnsisahksayt
perfume	haju|vettä	hahyoovayttæ
powder	puuteria	pootayriah
powder puff	puuteri|huisku	pootayrihoo'skoo
razor	parta|kone	pahrtahkoanay
razor blades	parta|koneen teriä	pahrtahkoanayn tayriæ
rouge	poski|punaa	poaskipoonaa
safety pins	haka|neuloja	hahkahnay°°loayah
shaving brush	parta|sudin	pahrtahsoodin
shaving cream	parta|vaahdoketta	pahrtahvaahdoakayttah

soap	**saippuaa**	sa'ppooaa
sponge	**pesu|sienen**	payssoos'aynayn
sun-tan cream	**aurinko|voidetta**	ah°°rinkoavoa'dayttah
sun-tan oil	**aurinko|öljyä**	ah°°rinkoaurlyewæ
talcum powder	**talkkia**	talkkiah
tissues	**paperi|pyyhkeitä**	pahpayripewhkay'tæ
toilet paper	**vessa|paperia**	vayssahpahpayriah
toilet water	**eau de toilette**	ur day tooahlayt
toothbrush	**hammas|harjan**	hahmmahshahryahn
toothpaste	**hammas|tahnaa**	hahmmahstahhnaa
towel	**pyyhkeen**	pewhkāyn
tweezers	**pinsetit**	pinsaytit

For your hair *Hiuksia varten*

bobby pins	**hius|neuloja**	hi°°snay°°loayah
colour shampoo	**väri|shampoota**	værishahmpōatah
comb	**kamman**	kahmmahn
curlers	**papiljotteja**	pahpillyoattayyah
dry shampoo	**kuiva|shampoota**	koo'vahshahmpōatah
dye	**hius|väriä**	hi°°sværiæ
hairbrush	**hius|harjan**	hi°°shahryahn
hair gel	**hius|geeliä**	hi°°sghāylliæ
hairgrips	**hius|solkia**	hi°°ssoalkiah
hair lotion	**hius|vettä**	hi°°svayttæ
hairpins	**(hius|)pinnejä**	(hi°°s)pinnayyæ
hair slide	**hius|soljen**	hi°°ssoalyayn
hair spray	**hius|lakkaa**	hi°°slahkkaa
setting lotion	**kampaus|nestettä**	kahmpah°°snaystayttæ
shampoo	**shampoota/hius-** **ten|pesu|ainetta**	shahmpoatah/ hi°°staynpaysooah'-nayttah
for dry/greasy (oily) hair	**kuiville/rasvai-** **sille hiuksille**	koo'villay/rahsvah'sillay hi°°ksillay
tint	**hius|väriä**	hi°°sværiæ
wig	**peruukin**	payrōōkin

For the baby *Vauvalle*

baby food	**vauvan|ruokaa**	vah°°vahnr°°ahkaa
dummy (pacifier)	**(huvi|)tutin**	(hoovi)tootin
feeding bottle	**tutti|pullon**	toottipoolloan
nappies (diapers)	**vaippoja**	vah'ppoayah

Clothing *Vaatetus*

If you want to buy something specific, prepare yourself in advance. Look at the list of clothing on page 115. Get some idea of the colour, material and size you want. They're all listed on the next few pages.

General *Yleistä*

Do you have...	**Löytyisikö teiltä...?**	lur°wtewⁱsikur tayⁱltæ
Do you have... for a 10-year-old boy/girl?	**Löytyisikö teiltä... 10-vuotiaalle pojalle/tytölle?**	lur°wtewⁱsikur tayⁱltæ... kewmmaynv°°oatiaallay poayallay/tewturllay
I'd like something like this.	**Haluaisin jotain tällaista.**	hahlooahⁱsin yotahⁱn tællahⁱstah
I like the one in the window.	**Haluaisin sen joka on ikkunassa.**	hahlooahⁱsin sayn joakah oan ikkoonassah
How much is that per metre?	**Mitä tuo maksaa metriltä?**	mitæ t°°oa mahksaa maytriltæ

1 centimetre (cm)	= 0.39 in.	1 inch = 2.54 cm
1 metre (m)	= 39.37 in.	1 foot = 30.5 cm
10 metres	= 32.81 ft.	1 yard = 0.91 m.

Colour *Väri*

I'd like something in...	**Haluaisin jotain...**	hahlooahⁱsin yotahⁱn
I'd like a darker/ lighter shade.	**Haluaisin tummem- paa/vaaleampaa sävyä.**	hahlooahⁱsin toommaympaa/ vaalayahmpaa sævewæ
I'd like something to match this.	**Haluaisin jotain tämän kanssa yhteen|sopivaa.**	hahlooahⁱsin yotahⁱn tæmæn kahnssah ewhhtāÿnsoapivaa
I don't like the colour.	**En pidä väristä.**	ayn pidæ væristæ

beige	**beigeä**	**bay**shiæ
black	**mustaa**	**moo**staa
blue	**sinistä**	**sin**nistæ
brown	**ruskeata**	**roos**kayahtah
fawn	**vaalean|ruskeaa**	**vaa**layahan**roos**kayah
golden	**kullan|väristä**	**kool**lahnværistæ
green	**vihreää**	**vih**rayǣ
grey	**harmaata**	**hah**rmaahtah
mauve	**malvan|väristä**	**mahl**vahnværistæ
	(hailakan|punaista)	(**hah**lahkahn**poo**nah'stah)
orange	**oranssia**	**oar**ahnssiah
pink	**vaalean|punaista**	**vaa**layahn**poo**nah'stah
purple	**sini|punaista**	**sin**i**poo**nah'stah
red	**punaista**	**poo**nah'stah
scarlet	**helakan|punaista**	**hay**lahkahn**poo**nah'stah
silver	**hopean|väristä**	**hoa**payahnværistæ
turquoise	**turkoosia**	**toor**koassia (sinivih-
	(sini|vihreää)	rayæ)
white	**valkoista**	**vahl**koa'stah
yellow	**keltaista**	**kayl**tah'stah
light...	**vaalean|...**	**vaa**layahn
dark...	**tumman|...**	**toom**mahn

| yksiväristä | ruudullista | kuvioitua | raidallista | (iso\|)pilkullista |
| (**ewks**iværistæ) | (r°°doollistah) | (**koo**vioa'tooa) | (**rah**'dahllistah) | ((isoa) **pil**koollistah) |

Fabric *Kangas*

Do you have anything in...?	**Onko teillä mitään...?**	**oan**koa **tay**'llæ **mit**tæn
Is that...?	**Onko tämä...?**	**oan**koa **tæ**mæ
handmade	**käsin|tehtyä**	**kæ**sin**tayh**tewæ
imported	**maahan|tuotua**	**maa**hahnt°°**oa**tooah
made here	**kotimaista**	**kot**timah'stah
I'd like something thinner.	**Haluaisin jotain ohuempaa.**	**hah**looah'sin **yot**ah'n **oa**hooaympaa
Do you have anything of better quality?	**Onko teillä mitään parempi|laatuista?**	**oan**koa **tay**'llæ **mit**tæn **pah**raympi**laa**too'stah
What's it made of?	**Mistä se on tehty?**	**mis**tæ say oan **tayh**tew
It's made of...	**Se on...**	say oan

cambric	**hienoa palttinaa**	h'aynoah **pahltt**inaa
camel-hair	**kamelin|karvaa**	kahmaylinkahrvaa
chiffon	**shifonkia**	shiffoankiah
corduroy	**vako|samettia**	vahkoasahmayttiah
cotton	**puu|villaa**	poovillaa
crepe	**kreppiä**	krayppiæ
denim	**farkku|kangasta**	fahrkkookahngahstah
felt	**huopaa**	h°°oapaa
flannel	**flanellia**	flahnaylliah
gabardine	**gabardiinia**	gahbahrdeeniah
lace	**pitsiä**	pitsiæ
leather	**nahkaa**	nahhkaa
linen	**pellavaa**	payllahvaa
poplin	**popliinia**	poapleeniah
satin	**satiinia**	sahteeniah
silk	**silkkiä**	silkkiæ
suede	**mokkaa**	moakkaa
towelling	**pyyhe|kangasta**	pewhaykahngahstah
velvet	**samettia**	sahmayttiah
velveteen	**puu|villa|samettia**	poovillahsahmayttiah
wool	**villaa**	villaa
worsted	**kampa|lankaa**	kahmpahlahnkaa

Is it...?	**Onko se...?**	oankoa say
pure cotton/wool	**täyttä (puhdasta) puuvillaa/villaa**	tæewttæ (poohhdahstah) poovillaa/villaa
synthetic	**teko|kuitua**	taykoakoo'tooah
colourfast	**väriä|päästämätön**	væriæpæstæmæturn
crease (wrinkle) resistant	**rypistymätöntä**	rewpistewmæturntæ
Is it hand washable/ machine washable?	**Onko se käsin|pestävä/kone|pestävä?**	oanko say kæsinpaystævæ/ koanaypaystævæ
Will it shrink?	**Kutistuuko se?**	kootistookoa say

Size *Koko*

I take size 38.	**Otan kokoa 38.**	oatahn koakoah 38
Could you measure me?	**Voisitteko tarkistaa kokoni?**	voa'sittaykoa tahrkistaa koakoani
I don't know the Finnish sizes.	**En tunne suomalaisia kokoja.**	ayn toonnay s°°oamahlah'ssiah koakoayah

Women

Sizes can vary somewhat from one manufacturer to another, so
be sure to try on shoes and clothing before you buy.

	Dresses/Suits					
American	8	10	12	14	16	18
British	10	12	14	16	18	20
Continental	36	38	40	42	44	46

	Shoes			
	6	7	8	9
	4½	5½	6½	7½
	37	38	40	41

Men

Suits/overcoats							Shirts			
American } British	36	38	40	42	44	46	15	16	17	18
Continental	46	48	50	52	54	56	38	40	42	44

Shoes									
American } British	5	6	7	8	8½	9	9½	10	11
Continental	38	39	40	41	42	43	44	44	45

A good fit? *Sopiva?*

Can I try it on?	**Voinko sovittaa sitä?**	voa'nkoa sovittaa sittæ
Where's the fitting room?	**Missä on sovitus|koppi?**	missæ oan soavittooskoappi
Is there a mirror?	**Onko siellä peiliä?**	oankoa s'ayllæ pay'liæ
It fits very well.	**Se istuu oikein hyvin.**	say istoo oa'kayin hewvin
It doesn't fit.	**Se ei istu.**	say ay istoo
It's too...	**Se on liian ...**	say oan leeahn
short/long	**lyhyt/pitkä**	lewhhewt/pitkæ
tight/loose	**tiukka/väljä**	ti°°kkah/vælyæ
How long will it take to alter?	**Kauanko sen korjaus kestää?**	kah°°ahnkoa sayn koaryaoos kaystǣ

NUMBERS, see page 147

Clothes and accessories *Vaatteita ja asusteita*

I'd like a/an/ some…	**Haluaisin…**	hahlooah'sin
anorak	**anorakin**	ahnoarahkin
bathing cap	**uima|lakin**	oo'mahlahkin
bathing suit	**uima|puvun**	oo'mahpoovoon
bathrobe	**kylpy|takin**	kewlpewtahkin
blouse	**puseron**	poosayroan
bow tie	**rusetin**	roosaytin
bra	**rinta|liivit**	rintahleevit
braces	**henkselit**	haynksaylit
cap	**lakin**	lahkin
cardigan	**neule|takin/ villa|takin**	nay°°laytahkin/villahtahkin
coat	**takin**	tahkin
dress	**leningin**	layningin
with long sleeves	**pitkä|hihaisen…**	pitkæhihhah'sayn
with short sleeves	**lyhyt|hihaisen…**	lewhewthihhah'sayn
sleeveless	**hihattoman…**	hihhahttoamahn
dressing gown	**aamu|takin**	aamootahkin
evening dress (woman's)	**ilta|puvun**	iltahpoovoon
girdle	**(naisten) liivit**	(nah'stayn) leevit
gloves	**hansikkaat**	hahnsikkaat
handbag	**käsi|laukun**	kæsilah°°koon
handkerchief	**nenä|liinan**	naynæleenahn
hat	**hatun**	hahtoon
jacket	**(lyhyen) takin/ pusakan**	(lewhewayn) tahkin/ poosahkahn
jeans	**farmari|housut/ farkut**	fahrmahrihoa°°soot/ fahrkoot
jersey	**villa|takin**	villahtahkin
jumper (Br.)	**villa|puseron**	villahpoosayroan
kneesocks	**polvi|sukat**	poalvisookaht
nightdress	**yö|paidan**	ᵉʷurpah'dahn
overalls	**haalarit**	haalahrit
pair of…	**parin…**	pahrin
panties	**pikku|housut**	pikkoohoa°°soot
pants (Am.)	**housut**	hoa°°soot
panty girdle	**housu|liivit**	hoa°°sooleevit
panty hose	**sukka|housut**	sookkahhoa°°soot
parka	**sade|pusakan**	sahdaypoosahkahn
pullover	**villa|paidan**	villahpah'dahn
polo (turtle)-neck	**jossa on poolo- kaulus**	yoassah oan poaloa- kah°°loos
round-neck	**jossa on pyöreä kaula-aukko**	yoassah oan pᵉʷurayæ kah°°lahah°°kkoa

V-neck	jossa on V-aukko	yoassah oan V-ah°°kkoa
with long/short sleeves	jossa on pitkät/ lyhyet hihat	yoassah oan pitkæt/ lewhhewayt hihhaht
without sleeves	joka on hihaton	yoakah oan hihhahtoan
pyjamas	pyjaman	pewyahmahn
raincoat	sade|takin	sahdaytahkin
scarf	huivin	hoo'vin
shirt	paidan	pah'dahn
shorts	shortsit	shoartsit
skirt	hameen	hahmāyn
slip	alus|hameen	ahlooshahmāyn
socks	(nilkka|)sukat	(nilkkah)sookaht
stockings	(naisten) sukat	(nah'stayn) sookaht
suit (man's)	puvun	poovoon
suit (woman's)	kävely|puvun/ jakku|puvun	kævaylewpoovoon/ yahkkoopoovoon
suspenders (Am.)	henkselit	haynksaylit
sweater	neule|puseron/ villa|paidan	nay°°laypoosayroan/ villahpah'dahn
sweatshirt	college-paidan	koallaygay-pah'dahn
swimming trunks	uima|housut	oo'mahhoa°°soot
swimsuit	uima|puvun	oo'mahpoovoon
T-shirt	T-paidan	tāypah'dahn
tie	solmion/kravatin	soalmioan/krahvahtin
tights	sukka|housut	sookkahhoa°°soot
tracksuit	verryttely|puvun	vayrrewttaylewpoovoon
trousers	(pitkät) housut	(pitkæt) hoa°°soot
umbrella	sateen|varjon	sahtaynvahryoan
underpants	(miesten) alus|housut	(m'aystayn) ahlooshoa°°soot
undershirt	alus|paidan	ahloospah'dahn
vest (Am.)	(miesten) liivit	(m'aystayn) leevit
vest (Br.)	alus|paidan	ahloospah'dahn
waistcoat	liivin/hihattoman (villa|)takin	leevin/hihhahttoamahn (villah)tahkin

belt	vyö	v°wur
buckle	solki	soalki
button	nappi	nahppi
collar	kaulus	kah°°looss
hood	huppu	hooppoo
pocket	tasku	tahskoo
press stud (snap fastener)	paino|nappi	pah'noanahppi
zip (zipper)	veto|ketju	vaytoakaytyoo

Shoes *Kengät*

I'd like a pair of...	**Haluaisin...**	hahlooah'sin
boots	**saappaat**	saappaat
moccasins	**mokkasiinit**	moakkahseenit
plimsolls (sneakers)	**kumi|tossut**	koomitoassoot
sandals	**sandaalit**	sahndaalit
shoes	**kengät**	kayngæt
flat	**matala|korkoi-set...**	mahtahlahkoarkoa'sayt
with a heel	**..., korolliset**	koaroallisayt
with leather soles	**..., joissa on nahka|pohja**	yoa'ssah oan nahhkahpoahyah
with rubber soles	**..., joissa on kumi|pohja**	yoa'ssah oan koomipoahyah
slippers	**tohvelit**	toahvaylit
These are too...	**Nämä ovat liian...**	næmæ oavaht leeahn
narrow/wide	**kapeat/leveät**	kahpayaht/layvayæt
big/small	**isot/pienet**	issoat/p'aynayt
Do you have a larger/smaller size?	**Onko teillä suurem-paa/pienempää kokoa?**	oankoa tay'llæ sooraympaa/p'aynaympæ koakoah
Do you have the same in black?	**Onko teillä tätä mustana?**	oankoa tay'llæ tætæ moostahnah
cloth	**kangasta**	kahngahstah
leather	**nahkaa**	nahhkaa
rubber	**kumia**	koomiah
suede	**mokka|nahkaa**	moakkahnahhkaa
Is it real leather?	**Onko se aitoa nah-kaa?**	oankoa say ah'toaah nahhkaa
I need some shoe polish/shoelaces.	**Tarvitsen ken-gän|kiilloketta/kengän|nauhat**	tahrvitsayn kayngænkeelloakayttah/kayngænnah°°haht

Repairs *Korjaukset*

Can you repair these shoes?	**Voitteko korjata nämä kengät?**	voa'ttaykoa koaryahtah næmæ kayngæt
Can you stitch this?	**Voitteko ommella tämän?**	voa'ttaykoa oammayllah tæmæn
I want new soles and heels.	**Haluaisin uudet pohjat ja korot.**	hahlooah'sin ōōdayt poahyat yah koaroat
When will they be ready?	**Milloin ne ovat valmiit?**	milloa'n nay oavaht vahlmeet

COLOURS, see page 112

Electrical appliances *Sähkö|koneet*

Voltage in Finland is 220 AC 60 cycle. Plugs are of the 2-pin (round hole) type, for which adaptors are available.

What's the voltage?	**Mikä on jännite?**	mikkæ oan **yæn**nittay
Do you have a battery for this?	**Olisiko teillä paristoa tähän?**	oalisikoa **tay**llæ pahristoaah tæhæn
This is broken. Can you repair it?	**Tämä on rikki. Voitteko korjata sen?**	tæmæ oan **rikki** voa'ttaykoa **koar**yahtah sayn
Can you show me how it works?	**Voitteko näyttää, miten se toimii?**	voa'ttaykoa **næ**ᵉʷ**ttæ** mittayn say **toa**'mee
I'd like to hire/to buy a video cassette.	**Haluaisin vuokrata/ ostaa video|kasetin.**	hahlooah'sin vᵒᵒoakrahtah/ oastaa **viddayoakah**saytin
I'd like a/an/ some ...	**Haluaisin ...**	hahlooah'sin
adaptor	**adapterin/sovittimen**	ah**dahp**tayrin/ **soa**vittimmayn
amplifier	**vahvistimen**	**vahh**vistimmayn
bulb	**(hehku|)lampun**	(**hayh**koo)**lahm**poon
CD player	**CD-soittimen**	sa͞y**da͞y**-soa'ttimmayn
clock-radio	**kello|radion**	**kayll**oarahdioan
electric toothbrush	**sähkö|hammas|harjan**	**sæh**kurhahm**mahs**hahr-yahn
extension lead (cord)	**jatko|johdon**	**yahtkoayoah**doan
hair dryer	**hiusten|kuivaajan**	hiᵒᵒstaynkoo'vaayahn
headphones	**kuulokkeet**	**koo**loakka͞yt
(travelling) iron	**(matka|)silitys|raudan**	(**mahtkah**) sillittewsraᵒᵒdahn
lamp	**lampun**	**lahm**poon
plug	**pistokkeen**	pist**oakka͞y**n
portable ...	**kannettavan ...**	**kahn**nayttahvahn
radio	**radion**	**rahd**'oan
car radio	**auto|radion**	ahᵒᵒtoarahd'oan
(cassette) recorder	**(kasetti|)nauhurin**	(**kah**saytti)nahᵒᵒhoorin
record player	**levy|soittimen**	**layvewsoa**'ttimmayn
shaver	**parran|ajo|koneen**	**pahr**rahnahyoakoana͞yn
speakers	**kaiuttimet**	**kah**'oottimmayt
(colour) television	**(väri|)television**	(**vær**ri)**tay**layvissioan
transformer	**muuntajan**	**moon**tahyahn
video-recorder	**video|nauhurin**	**vid**ayoanahᵒᵒhoorin

Grocer's *Elin|tarvike|myymälä*

I'd like some bread, please.	**Haluaisin leipää.**	hahlooah'sin lay'pææ
What sort of cheese do you have?	**Mitä eri juusto|laatuja teillä on?**	mittæ ayri yoostoalaatooya tay'llæ oan
A piece of...	**Pala...**	pahlah
that one	**tuota**	t°°oatah
the one on the shelf	**tuota hyllyllä olevaa**	t°°oatah hewllewllæ oalayvaa
I'll have one of those, please.	**Saisinko yhden noita.**	sah'sinkoa ewhdayn noa'tah
May I help myself?	**Voinko ottaa itse?**	voa'nkoa oattaa itsay
I'd like...	**Saisinko...**	sah'sinkoa
a kilo of apples	**kilon omenia**	killoan oamayniah
half a kilo of tomatoes	**puoli kiloa tomaatteja**	p°°oali killoah toamaattayyah
100 grams of butter	**100 grammaa voita**	sahtah grahmmaa voa'tah
a litre of milk	**litran maitoa**	litrahn mah'toah
half a dozen eggs	**puoli tusinaa munia**	p°°oali toosinaa mooniah
4 slices of ham	**4 siivua kinkkua**	naylyæ seevooah kinkkooah
a packet of tea	**paketin teetä**	pahkaytin tāytæ
a jar of jam	**purkin hilloa**	poorkin hilloaah
a tin (can) of peaches	**tölkin persikoita**	turlkin payrsikoa'tah
a tube of mustard	**putkilon sinappia**	pootkiloan sinnahppiah
a box of chocolates	**suklaa|rasia**	sooklaarahsiah

---

1 kilogram or kilo (kg.) = 1000 grams (g.)		
100 g. = 3.5 oz.	½ kg. = 1.1 lb.	
200 g. = 7.0 oz.	1 kg. = 2.2 lb.	
	1 oz. = 28.35 g.	
	1 lb. = 453.60 g.	

1 litre (l.) = 0.88 imp. quarts = 1.06 U.S. quarts	
1 imp. quart = 1.14 l.	1 U.S. quart = 0.95 l.
1 imp. gallon = 4.55 l.	1 U.S. gallon = 3.8 l.

Household articles Talous|tarvikkeita

aluminium foil	alumiini|folio	ahloomeenifoalioa
bottle opener	pullon|avaaja	poolloanahvaayah
bucket	ämpäri	æmppæri
can opener	purkin|avaaja	poorkinahvaayah
candles	kynttilät	kewnttilæt
clothes pegs (pins)	pyykkipojat	pēwkkipoayaht
frying pan	paistin|pannu	pahⁱstinpahnnoo
matches	tuli|tikut	toolitikkoot
paper napkins	paperi|lautas|liinat	pahpayrilah^{oo}tahslee-naht
paper towel	paperi|pyyhe	pahpayripēwhay
plastic bags	muovi|kassi	m^{oo}oavikahssi
saucepan	kattila	kahttilah
tea towel	astia|pyyhe	ahstiahpewhay
vacuum flask	termos|pullo	tayrmoaspoolloa
washing powder	pesu|pulveri	paysoopoolvayri
washing-up liquid	nestemäinen pesu|aine	naystaymæinayn paysooahⁱnay

Tools Työ|kaluja

hammer	vasara	vahsahrah
nails	naulat	nah^{oo}laht
penknife	kynä|veitsi	kewnævayⁱtsi
pliers	pihdit	pihhdit
scissors	sakset	sahksayt
screws	ruuveja	roovayyah
screwdriver	ruuvi|meisseli	rōovimayⁱsayli
(adjustable) spanner	jako|avain	yakoaahvahⁱn

Crockery Astiat

cups	kupit	koopit
mugs	mukit	mookit
plates	lautaset	lah^{oo}tahsayt
saucers	tee|vadit/kahvi|lau-taset	tāyvahdit/ kahhvilah^{oo}tahsayt
tumblers	(juoma|)lasit	(y^{oo}oamah)lahsit

Cutlery (flatware) Ruokailu|välineet

forks	haarukat	haarookat
knives	veitset	vayⁱtsayt
spoons	lusikat	loosikkaht
teaspoons	tee|lusikat	tayloosikkaht
plastic	muovista	m^{oo}oavistah
stainless steel	ruostumattomasta teräksestä	r^{oo}oastoomahttoah-mahstah tayræksaystæ

Jeweller's—Watchmaker's *Kulta|seppä—Kello|seppä*

Could I see that, please?	**Saisinko katsoa tuota?**	sah'sinkoa kahtsoah t°°oatah
Do you have anything in gold?	**Onko teillä mitään, joka on kultaa?**	oankoa tay'llæ mittææn yoakah oan kooltaa
How many carats is this?	**Montako karaattia tässä on?**	moantahkoa kahraattiah tæssæ oan
Is this real silver?	**Onko tämä aitoa hopeaa?**	oankoa tæmmæ ah'toaah hoapayaa
Can you repair this watch?	**Voitteko korjata tämän kellon?**	voa'ttaykoa koaryahtah tæmæn kaylloan
I'd like a/an/some…	**Haluaisin…**	hahlooah'sin
alarm clock	**herätys|kellon**	hayrætewskayllon
bangle	**ranne|renkaan**	rahnnayraynkaan
battery	**pariston**	pahristoan
bracelet	**ranne|korun**	rahnnaykoaroon
chain bracelet	**ranne|ketjun**	rahnnaykaytyoon
charm bracelet	**amuletti|ranne|ketju**	ahmoolayttirahnnay kaytyoon
brooch	**rinta|korun**	rintahkoaroon
chain	**ketjun**	kaytyoon
charm	**amuletin**	ahmoolaytin
cigarette case	**savuke|kotelon**	sahvookaykoatayloan
cigarette lighter	**tupakan|sytyttimen**	toopahkahnsew-tewttimmayn
clock	**kellon**	kaylloan
cross	**ristin**	ristin
cuckoo clock	**käki|kellon**	kækikaylloan
cuff links	**kalvosin|napit**	kahlvoassinnahpit
cutlery	**ruokailu|välineet**	r°°oakah'loovælinäyt
earrings	**korva|korut**	koarvahkoaroot
gem	**jalokiven**	yahloakivayn
jewel box	**koru|lippaan**	koaroolippaan
mechanical pencil	**lyijy|täyte|kynän**	lew'yewtæ°ᵂtaykewnæn
music box	**soitto|rasian**	soa'ttoarahsiahn
necklace	**kaula|korun**	kah°°lahkoaroon
pendant	**riipuksen**	reepooksayn
pin	**neulan**	nay°°lahn
pocket watch	**tasku|kellon**	tahskookaylloan
powder compact	**puuteri|rasian**	pōōtayrirahsiahn
propelling pencil	**(kierrettävän)** **lyijy|täyte|kynän**	(k'ayrrayttævæn) lew'yewtæ°ᵂtaykewnæn

ring	**sormuksen**	**soar**mooksayn
engagement ring	**kihla|sormuksen**	**kihh**lah**soar**mooksayn
signet ring	**sinetti|sormuk-sen**	sinnaytti**soar**mooksayn
wedding ring	**vihki|sormuksen**	**vihh**ki**soar**mooksayn
rosary	**rukous|nauhan**	rookoa°°**snah**°°hahn
silverware	**hopea|esineitä**	hoapaya**h**ayssinnay'tæ
tie clip	**solmion pidikkeen**	**soal**mioan piddikk**ayn**
tie pin	**solmio|neulan**	**soal**mio**anay**°°lahn
watch	**kellon**	**kayl**loan
automatic	**automaatti|**	ah°°toamaatti
digital	**digitaali|**	**di**ggitaali
quartz	**kvartsi|**	**kvah**rtsi
with a second hand	**..., jossa on sekunti|viisari**	**yoas**sah oan saykoonttiveesahri
waterproof	**veden|pitävän**	**vay**daynpittævæ
watchstrap	**kellon hihnan**	**kayl**loan hihnahn
wristwatch	**ranne|kellon**	**rahn**nay**kayl**loan

amber	**meri|pihka**	**mayri**pihkah
amethyst	**ametisti**	ah**may**tisti
chromium	**kromi**	**kroa**mi
copper	**kupari**	**koo**pahri
coral	**koralli**	**koa**rahlli
crystal	**kristalli**	**kri**stahlli
cut glass	**hiottu lasi**	**hi**oattoo **lah**si
diamond	**timantti**	**tim**mahntti
emerald	**smaragdi**	**smah**rahgdi
enamel	**emali**	**ay**mahli
gold	**kulta**	**kool**tah
gold plate	**kullattu**	**kool**lahttoo
ivory	**norsun|luu**	**noar**soonloo
jade	**jade**	**yah**day
onyx	**onyks**	**oa**newks
pearl	**helmi**	**hayl**mi
pewter	**tina**	**tin**nah
platinum	**platina**	**plah**tinnah
ruby	**rubiini**	**roo**beeni
sapphire	**safiiri**	**sah**feeri
silver	**hopea**	**hoa**payah
silver plate	**hopeoitu**	**hoa**payoa'too
stainless steel	**ruostumaton teräs**	r°°**oast**oomahtoan **tay**ræs
topaz	**topaasi**	**toa**paassi
turquoise	**turkoosi**	**toor**k<u>oa</u>ssi

Optician *Optikko*

I've broken my glasses.	Silmä|lasini menivät rikki.	silmælahsinni maynivæt rikki
Can you repair them for me?	Voitteko korjata ne?	voaᵗtaykoa koaryahtah nay
When will they be ready?	Milloin ne ovat valmiit?	milloaᶦn nay oavaht vahlmeet
Can you change the lenses?	Voitteko vaihtaa linssit?	voaᵗtaykoa vahᶦhtaa linssit
I'd like tinted lenses.	Haluaisin värjätyt linssit.	hahlooahᶦsin væryætewt linssit
The frame is broken.	Sangat ovat rikki.	sahngaht oavaht rikki
I'd like a spectacle case.	Haluaisin silmä|lasi|kotelon.	hahlooahᶦsin silmælahsikoatayloan
I'd like to have my eyesight checked.	Haluaisin näkö|tarkastuksen.	hahlooahᶦsin nækurtahrkahstooksayn
I'm short-sighted/long-sighted.	Olen liki|näköinen/kauko|näköinen	oalayn likkinækurᶦnayn/kahᵒᵒkoanækurᶦnayn
I'd like some contact lenses.	Haluaisin kontakti|linssit	hahlooahᶦsin koantahktilinssit
I've lost one of my contact lenses.	Olen hukannut toisen kontakti|linssini.	oalayn hookahnnoot toaᶦsayn koantahktilinssini
Could you give me another one?	Voitteko antaa minulle toisen?	voaᵗtaykoa ahntaa minnoollay toaᶦsayn
I have hard/soft lenses.	Minulla on kovat/pehmeät linssit.	minnoollah oan koavaht/payhmayæt linssit
Do you have any contact-lens fluid?	Onko teillä kontakti|linssi|nestettä?.	oankoa tayᶦllæ koantahktilinssinaystayttæ
I'd like to buy a pair of sunglasses.	Haluaisin ostaa aurinko|lasit.	hahlooahᶦsin oastaa ahᵒᵒrinkoalahsit
May I look in a mirror?	Voinko katsoa peiliin?	voaᶦnkoa kahtsoah payᶦleen
I'd like to buy a pair of binoculars.	Haluaisin ostaa kiikarin.	hahlooahᶦsin oastaa keekahrin

Photography *Valokuvaus*

I'd like a(n)... camera.	Haluaisin... kam- eran.	hahlooah'sin... kahmayrahn
automatic	automaatti|	ah°°toamaatti
inexpensive	huokean	h°°oakayahn
simple	yksinkertaisen	ewksinkayrtah'sayn
Can you show me some video cameras please?	Voisitteko näyttää minulle video|kameroita.	voa'sittaykoa næewttǣ minnoollay vidayoakahmayroa'tah
I'd like to have some passport photos taken.	Haluaisin passi|kuvaan.	hahlooah'sin pahssikoovahn

Film *Filmi*

I'd like a film for this camera.	Haluaisin filmin tähän kameraan.	hahlooah'sin filmin tæhæn kahmayraan
black and white	musta|valkoista	moostahvahlkoa'stah
colour	värillistä	værillistæ
colour negative	väri|negatiivi	værinaygahteevi
colour slide	väri|dia	væridihah
cartridge	kasetti	kahsaytti
disc film	filmi|kiekko	filmik'aykkoa
roll film	filmi|rulla	filmiroollah
video cassette	video|kasetti	videokahsaytti
24/36 exposures	kahden|kymmenen |neljän/kolmen |kymmenen| kuuden kuvan	kahhdaynkewmmaynay nayn naylyæn/koalmayn kewmmaynayn kōōdayn koovahn
this size	tätä kokoa	tætæ koakoah
this ASA/DIN number	tätä AOA/DIN numeroa	tætæ ASA/DIN noomayroah
artificial light type	keino|valoon sopi- vaa	kay'noavahlōan soapivaa
daylight type	päivän|valoon sopi- vaa	pæ'vænvahlōan soapivaa
fast (high-speed)	herkkää (nopeaa)	hayrkkæ (noapayaa)
fine grain	hieno|rakeista	h'aynoarahkay'stah

Processing *Kehitys*

How much do you charge for processing?	**Paljonko kehittämi-nen maksaa?**	pahlyoankoa kayhittæminayn **mahk**saa
I'd like... prints of each negative.	**Haluaisin ... kuvaa kustakin negatii-vista.**	hahlooah'sin ... **koo**vaa **koos**tahkin naygahteevistah
with a matt finish	**matta|pintaisia**	**mahttah**pintah'siah
with a glossy finish	**kiiltävä|pintaisia**	**keel**tævæpintah'siah
Will you enlarge this, please?	**Suurentaisitteko tämän.**	**soo**rayntah'sittaykoa **tæ**mæn
When will the photos be ready?	**Milloin kuvat ovat valmiit?**	**mil**loa'n **koo**vaht **oa**vaht **vahl**meet

Accessories and repairs *Lisä\|laitteet ja korjaukset*

I'd like a/an/some...	**Haluaisin ...**	hahlooah'sin
battery	**pariston**	**pah**ristoan
cable release	**lanka|laukaisimen**	**lahn**kahlah°°kah'simmayn
camera case	**kamera|laukun**	**kah**mayrahlah°°koon
(electronic) flash	**(electronisen) salama|laitteen**	(aylayktroanissayn) **sah**lahmahlah'tायn
filter	**suodattimen**	s°°oa**daht**timayn
for black and white	**musta|valkoiselle**	**moos**tahvahlkoa'sayllay
for colour	**värille**	**væ**rillay
lens	**objektiivin**	oab**yayk**teevin
telephoto lens	**tele|objektiivin**	**tay**layoabyaykteevin
wide-angle lens	**laaja|kulma|objek-tiivin**	**laa**yahkoolmahoab-**yayk**teevin
lens cap	**linssin|suojuksen**	**lins**sis°°oayooksayn
Can you repair this camera?	**Voitteko korjata tämän kameran?**	voa'ttaykoa **koar**yahtah **tæ**mæn **kah**mayrahn
The film is jammed.	**Filmi on juuttunut kiinni.**	**fil**mi oan yoottoonoot **keen**ni
There's something wrong with the...	**... ei toimi kun-nolla.**	ay' **toa'**mi **koon**noallah
exposure counter	**kuva|laskuri**	**koo**vahlahskoori
film winder	**filmin|kelaaja**	**fil**minkaylaayah
flash attachment	**salama|laite**	**sah**lahmahlah'tay
lens	**objektiivi**	oab**yayk**teevi
light meter	**valotus|mittari**	**vah**loatoosmittahri
rangefinder	**etäisyys|mittari**	**ay**tæ'sewsmittahri
shutter	**suljin**	**sool**yin

NUMBERS, see page 147

Tobacconist's *Tupakka|kauppa*

A packet of cigarettes, please.	**Saisinko rasian savukkeita?**	sah'sinkoa **rahs**iahn sahvookkay'tah
Do you have any American/English cigarettes?	**Onko teillä amerikkalaisia/englantilaisia savukkeita?**	oankoa tay'llæ ahmayrikkahlah'siah/ aynglahntilah'siah sahvookkay'tah
I'd like a carton.	**Saisinko kartongin.**	sah'sinkoa **kahr**toangin
Give me a/some…, please.	**Saisinko…**	sah'sinkoa
candy	**makeisia**	mahkay'siah
chewing gum	**puru|kumia**	poorookoomiah
chewing tobacco	**puru|tupakkaa**	poorootoopahkkaa
chocolate	**suklaata**	sooklaatah
cigarette case	**savuke|kotelon**	sahvookaykoatayloan
cigarette holder	**imukkeen**	immookkāyn
cigarettes	**savukkeita**	sahvookkay'tah
filter-tipped/ without filter	**suodatin|…/ ilman filtteriä**	s°°oadahtin|ilmahn filttayriæ
light/dark tobacco	**vaaleaa/tummaa tupakkaa**	vaalayaa/toommaa toopahkkaa
mild/strong	**mietoja/väkeviä…**	m'aytoayah/vækayviæ
menthol	**mentholi|…**	mayntoali
king-size	**king-size-kokoa**	king-size-**koa**koah
cigars	**sikaareja**	sikkaarayyah
lighter	**sytyttimen**	sewtewttimmayn
lighter fluid/gas	**besiiniä/kaasua sytyttimeen**	baynseeniæ/kaasooah sewtewttimmāyn
matches	**tuli|tikkuja**	toolitikkooyah
pipe	**piipun**	peepoon
pipe cleaners	**piipun puhdistimia/piippu|rasseja**	peepoon poohdistimmiah/ peeppoorahssayyah
pipe tobacco	**piippu|tupakkaa**	peeppootoopahkkaa
pipe tool	**piippu|kalun**	peeppookahloon
postcard	**posti|kortin**	poastikoartin
snuff	**nuuskaa**	nooskaa
stamps	**posti|merkkejä**	poastimayrkkayyæ
sweets	**jotain makeaa**	joatah'n mahkayaa
wick	**sytyttimeen sydämen**	sewtewttimmāyn sewdæmmayn

Miscellaneous *Sekalaista*

Souvenirs *Muistoesineitä*

Souvenirs include objects made of wood, *puukko* hunting knives and reindeer skins and antlers. Lapp crafts are popular too. Look for carvings made from reindeer bones, felt items and dolls.

candles	**kyntillät**	kewntt ilæt
candlesticks	**kyntillän|jalat**	kewnttilænjahlaht
ceramics	**keramiikka/posliini**	kayrahmeekkah/**poas**leeni
furs	**turkikset**	toorkiksayt
glass	**lasi**	lahsi
handicrafts	**käsi|työt**	kæsit^{ew}urt
jewellery	**korut**	koaroot
reindeer hide	**poron|talja**	poaroantahlyah
table linen	**pöytä|-ja lautas|lii-nat**	pur^{ew}tæ-yah lah°otahsleenaht
textiles	**tekstiilit**	tayksteelit
wall rug	**ryijy**	rewⁱyew
wooden toys	**puu|lelut**	poolayloot

Music   *Musiikki*

I'd like a...	**Saisinko...**	sahⁱsinkoa
compact disc	**CD-levyn**	sāydāy-layvewn
chamber music	**kamari|musiikki**	kahmahrimooseekki
classical music	**klassinen musiikki**	klahssinayn mooseekki
folk music	**kansan|musiikki**	kahnsahnmooseekki
folk song	**kansan|laulu**	kahnsahnlah°°loo
instrumental music	**soitin|musiikki**	soa^ttinmooseekki
jazz	**jatsi**	yahtsi
light music	**kevyt musiikki**	kayvewt mooseekki
orchestral music	**orkesteri|musiikki**	oarkaystayrimooseekki
pop music	**pop-musiikki**	popmooseekki

Toys *Leikki|kalut*

I'd like a toy/game...	**Haluaisin leikki|kalun/pelin**	hahlooah'sin lay'kkikahloon/paylin
for a boy	**pojalle**	poayahllay
for a 5-year-old girl	**5-vuotiaalle tytölle**	veesi-v°°oatiaallay tewturllay
(beach) ball	**(ranta|)pallon**	(rahntah)pahlloan
bucket and spade (pail and shovel)	**ämpärin ja lapion**	æmpærin yah lahpioan
building blocks (bricks)	**rakennus|palikoita**	rahkaynnoospahlikoa'tah
card game	**kortti|pelin**	koarttipaylin
chess set	**shakki|pelin**	shahkkipaylin
doll	**nuken**	nookayn
electronic game	**elektronisen pelin**	aylayktroanissayn paylin
roller skates	**rulla|luistimet**	roollahloo'stimayt
snorkel	**snorkkelin**	snoarkkaylin

Your money: banks—currency

Banks are open from Monday to Friday, 9.15 a.m. to 4.15 p.m., both summer and winter. There's certain to be someone who speaks English at any large bank. You can also change your money at most hotels, department stores and the larger shops. Though you will normally have to change your money at a bank, there are a few exchange offices in the large towns. Out of hours, try the exchange office at the Helsinki Railway Station.

Remember to take your passport with you when changing money.

Major credit cards are accepted in most hotels and restaurants, service stations, department stores and shops. Internationally recognized traveller's cheques are easily cashed. Other traveller's cheques can only be cashed in banks or currency exchange offices.

In 2002 the currency in most EU countries, including Finland, changed to the euro (*euro, euroa*), divided into 100 cents (*sentti, senttiä*).

> Coins: 1, 2, 5, 10, 20, 50 c.; €1, 2
>
> Notes: €5, 10, 20, 50, 100, 200, 500

Where's the nearest bank?	**Missä on lähin pankki?**	missæ oan læhin **pahnk**ki
Where's the nearest currency exchange office?	**Missä on lähin valuu-tan|vaihto|paikka?**	missæ oan læhin vahlōōtahnvah'htoa paihkkah

At the bank *Pankissa*

I want to change some dollars/pounds.	**Haluaisin vaihtaa dollareita/puntia.**	hahlooah'sin vah'htaa doallahray'tah/**poon**tiah
I want to cash a traveller's cheque.	**Haluaisin muuttaa matka|shekin rahaksi.**	hahlooah'sin mōōttaa mahtkahshaykin rahhaahksi
What's the exchange rate?	**Mikä on vaihto|kurssi?**	mikkæ oan vah'htoa**koors**si
How much commission do you charge?	**Mikä on välitys|palkkionne?**	mikkæ oan vælittews**pahlkk**i'oannay
Can you cash a personal cheque?	**Otatteko vastaan henkilö|kohtaisen shekin?**	oatahttaykoa **vahs**taan haynkillur**koah**tah'sayn shaykin
Can you fax my bank in London?	**Voitteko lähettää faksin pankkiini Lontooseen?**	voa'ttaykoa læhayttǣ fahksin pahnkkeeni loantōōssǟyn
I have a/an/some...	**Minulla on...**	minnoollah oan
credit card	**luotto|kortti**	l°°oattoakoartti
Eurocheques	**euroshekkejä**	ayroashaykkayæ
letter of credit	**remburssi**	raymboorssi
I'm expecting some money from New York. Has it arrived?	**Odotan rahaa New Yorkista. Onko se tullut?**	oadoatahn rahhaa new yoarkistah oankoa say toollloot
Please give me... notes (bills) and some small change.	**Saisinko... seteleinä ja loput vaihto|rahana.**	sah'sinkoa... saytaylay'næ yah loapoot vah'htoarahhahnah
Give me... large notes and the rest in small notes.	**Saisinko... suurina ja loput pieninä seteleinä.**	sah'sinkoa... sōōrinnah yah loapoot p'ayninnæ saytaylay'næ

Deposits—Withdrawals *Panot—Otot*

I want to...	**Haluaisin...**	hahlooah'sin
open an account	**avata tilin**	ahvahtah tillin
withdraw...	**nostaa...**	noastaa...
Where should I sign?	**Mihin alle|kirjoitan?**	mihin ahllaykeeryoatahn
I'd like to pay this into my account.	**Tallettaisin tämän tililleni.**	tahllayttah'sin tæmæn tillillayni

NUMBERS, see page 147

Business terms *Liike|termejä*

My name is...	**Nimeni on...**	**ni**mmayni oan
Here's my card.	**Tässä on korttini.**	**tæss**æ oan **kort**tini
I have an appointment with...	**Minulla on tarnaminen... kanssa.**	**min**noollah oan **tahr**nahminayn... **kahn**ssah
Can you give me an estimate of the cost?	**Voitteko antaa arvion kustannuksista?**	voa**l**ttaykoa **ahn**taa **ahr**v⎮oan **koos**tahnnooksistah
What's the rate of inflation?	**Mikä on inflaatiotaso?**	**mik**kæ oan **inflaatioa**tahsoa
Can you provide me with a(n)...?	**Voitteko järjestää minulle...**	voa**l**ttaykoa **yær**yayst**ǣ** **min**noollay
interpreter	**tulkin**	**tool**kin
personal computer	**henkilö|kohtaisen tieto|koneen**	**hayn**killurkoahtah**l**sayn t**l**aytoakoan**ā̄**yn
secretary	**sihteerin**	**siht**ā̄yrin
Where can I make photocopies?	**Missä voin ottaa valo|kopioita?**	**miss**æ voa**l**n **oatt**aa **vah**loakoapioa**l**tah

amount	**summa**	**soom**mah
balance	**saldo**	**sal**doa
capital	**pää|oma**	**pǣ**oamah
cheque	**shekki**	**shay**kki
contract	**sopimus**	**soa**pimmoos
discount	**alennus**	**ah**laynnoos
expenses	**kulut**	**koo**loot
interest	**korko**	**koar**koa
investment	**investointi**	**in**vaystoa**l**nti
invoice	**lasku**	**lahs**koo
loss	**tappio**	**tahp**pioa
mortgage	**kiinnitys**	**keen**nittews
payment	**maksu**	**mahk**soo
percentage	**prosentti**	**proa**sayntti
profit	**voitto**	**voa**lttoa
purchase	**osto**	**oas**toa
sale	**myynti**	**mēw̄**nti
share	**osake**	**oa**sahkay
transfer	**siirto**	**seer**toa
value	**arvo**	**ahr**v⎮oa

At the post office

A symbolic hunting horn and the words *Posti–Post* identify
post offices in Finland. Mailboxes are painted yellow. Business
hours normally are from 9 a.m. to 6 p.m., Monday to Friday.

Out of hours, a limited-service post office operates at the
Helsinki Railway Station. It is open from 7 a.m. to 9 p.m.,
Monday to Friday, and Saturday to Sunday from 10 a.m.
to 6 p.m.

Where's the nearest post office?	**Missä on lähin posti?**	missæ oan læhin **poasti**
What time does the post office open/close?	**Mihin aikaan posti aukeaa/suljetaan?**	mihin ah'kaan **poasti** ah°°kayaa/**sool**yaytaan
A stamp for this letter/postcard, please.	**Saisinko posti|merkin tähän kirjeeseen/korttiin?**	sah'sinkoa **poasti**mayrkin tæhæn keeryaysayn/**koartteen**
A... cent stamp, please.	**Saisinko... sentin posti|merkin.**	sah'sinkoa... sentin **poasti**mayrkin
What's the postage for a letter to London?	**Mikä on kirje|maksu Lontooseen?**	mikkæ oan **keery**aymahksoo loant̄oasāyn
What's the postage for a postcard to Los Angeles?	**Mitä maksaa posti-kortti Los Angeles-siin?**	mittæ mahksaa **poasti**koartti loas ahngaylaysseen
Where's the letter box (mailbox)?	**Missä on posti|laatikko?**	missæ oan **poasti**laatikkoa
I want to send this parcel.	**Haluaisin lähettää tämän paketin.**	hahlooah'sin læhayttǣ tæmæn **pahkaytin**
I'd like to send this (by)...	**Lähettäisin tämän...**	læhayttæisin tæmæn
airmail	**lento|postissa**	layntoapoastissah
express (special delivery)	**pikana**	pikkahnah
registered mail	**kirjattuna**	keeryahttoonah

At which counter can I cash an international money order?	Millä luukulla voin lunastaa kan-sain|välisen maksu|määräyk-sen?	millæ lōōkoollah voa'n loonahstaa kahnsah'nvælissayn mahksoomǣrǣᵉ^wksayn
Where's the poste restante (general delivery)?	Missä on poste restante?	missæ oan poastay raystahntay
Is there any post (mail) for me? My name is…	Onko minulle pos-tia? Nimeni on…	oankoa minnoollay poastiah nimmayni oan

POSTIMERKIT	STAMPS
PAKETIT	PARCELS
MAKSU|ÄÄRÄYKSET	MONEY ORDERS

Where's the telephone?	**Missä on puhelin?**	missæ oan **poo**haylin
Where's the nearest telephone booth?	**Missä on lähin puhelin|kioski?**	missæ oan læhin **poo**haylink'oaski
May I use your phone?	**Voinko käyttää puhelintanne?**	**voa'nn**koa kæ**ew**ttǣ **poo**haylintahnnay
Do you have a telephone directory for Helsinki?	**Onko teillä Helsingin puhelin|luetteloa?**	**oan**koa tayllæ **hayl**singin **poo**haylinl**oo**ayttayloah
I'd like to call . . . in England.	**Haluaisin soittaa . . . Englannissa.**	hahlooah'sin **soa'**ttaa . . . **ayng**lahnnissah
What's the dialling (area) code for Vaasa?	**Mikä on suunta|numero Vaasaan?**	**mik**kæ oan s**oo**ntah**noo**mayroa **vaa**saan
How do I get the international operator?	**Miten pääsen ulko-maan|puhelu|keskukseen?**	**mi**tayn **pǣ**sayn **ool**koamaan**poo**hayloo **kays**kooks**ǣ**yn

Operator *Keskus*

I'd like Kuopio 234 567.	**Saisinko Kuopio 234567.**	**sah'**sinkoa k**oo**oapioa 234567
Can you help me get this number?	**Auttaisitteko minua soittamaan tähän numeroon?**	ah**oo**ttah'ssittaykoa **min**nooah **soa'**ttahmaan **tæ**hæn **noo**mayr**oa**n
I'd like to place a personal (person-to-person) call.	**Saisinko henkilö|puhelun.**	**sah'**sinkoa **haynk**illur**poo**hayloon
I'd like to reverse the charges (call collect).	**Saisinko vastaan|ottaja maksaa-puhelun.**	**sah'**sinkoa **vahs**taanoattahyah **mahk**saa-**poo**hayloon

NUMBERS, see page 147

Speaking *Puhelimessa*

Hello. This is...	**Hei. Täällä...**	hay^i tæellæ
I'd like to speak to...	**Onko... tavatta-vissa?**	oankoa...tahvahttahvissah
Extension...	**Saanko (ala|)nume-roon...**	saankoah (ahlah)noomayrōan
Speak louder/more slowly, please.	**Voisitteko puhua kovemmalla äänellä/hitaammin.**	voa^{i}sittaykoa poohooah koavaymmahllah ǣnayllæ/hittaammin

Bad luck *Huonoa onnea*

Would you try again later, please?	**Yrittäisitteko myö-hemmin uudelleen.**	ewrittæ^{i}sittaykur m^{ew}urhaymmin ōōdayllāyn
Operator, you gave me the wrong number.	**Keskus, annoitte minulle väärän numeron.**	kayskooss ahno^{i}ttay minnoollay vǣræn noomayroan
Operator, we were cut off.	**Keskus, puhelu meni poikki.**	kayskoos poohayloo mayni poa^{i}kki

Finnish telephone alphabet *Suomalaiset puhelin\|aakkoset*

A	**Anna**	ahnnah	R	**Risto**	ristoa	
B	**Bertta**	bayrttah	S	**Sakari**	sahkahri	
C	**Cecilia**	saysilliah	T	**Tauno**	tah^{oo}noa	
D	**Daavid**	daavid	U	**Urho**	oorhoa	
E	**Erkki**	ayerkki	V	**Väinö**	væ^{i}nur	
F	**Faarao**	faarahoa	W	**kaksin|-kertainen v**	kahksinkayr-tah^{i}nayn vāy	
G	**Gabriel**	gahbr^{i}ayl				
H	**Heikki**	hay^{i}kki				
I	**Iivari**	eevahri	X	**Xeres**	ksayrays	
J	**Jaakko**	yaakkoa	Y	**Yrjö**	uryur	
K	**Kalle**	kahllay	Z	**Zeppelin**	tsayppaylin	
L	**Lauri**	lah^{oo}ri	Å	**ruotsalainen o**	r^{oo}oat-sahlah^{i}nayn ōa	
M	**Mikko**	mikkoa				
N	**Niilo**	neeloa				
O	**Otto**	oattoa	Ä	**äiti**	æiti	
P	**Pekka**	paykkah	Ö	**öljy**	urlyew	
Q	**Quintus**	kvintoos				

Not there *Ei paikalla*

When will he/she be back?	**Milloin hän palaa?**	**milloa**ⁿ hæn **pahlaa**
Will you tell him/her I called? My name is...	**Kertoisitteko hänelle, että soitin. Nimeni on...**	**kayr**toaⁱsittaykoa hænayllaay ayttæ soaⁱtin nimmayni oan
Would you ask him/her to call me?	**Pyytäisittekö häntä soittamaan minulle.**	pe͞wtæisittaykur hæntæ soaⁱttahmaan minnoollay
Would you take a message, please?	**Voisinko jättää viestin?**	voaⁱsinkoa yættæ vⁱaystin

Charges *Maksut*

What was the cost of that call?	**Mitä tämä puhelu maksoi?**	mitæ tæmæ poohayloo mahksoaⁱ
I want to pay for the call.	**Haluaisin maksaa puhelun.**	hahlooahⁱsin mahksaa poohayloon

---

	🔊
Teille on puhelu.	There's a telephone call for you.
Mihin numeroon soitatte?	What number are you calling?
Linja on varattu.	The line's engaged.
Numero ei vastaa.	There's no answer.
Teillä on väärä numero.	You've got the wrong number.
Puhelin on epä|kunnossa.	The phone is out of order.
Hetkinen.	Just a moment.
Hetkinen.	Hold on, please.
Hän on juuri nyt ulkona./Hän ei ole juuri nyt paikalla.	He's/She's out at the moment.

Doctor

You should ensure that your health insurance policy covers the cost of any accident or illness while on holiday. Finland has reciprocal health agreements with the Nordic countries, covering medical care and doctors' fees. There are also similar agreements with Britain. The quality of medical care in Finland is very high. All hospitals have doctors on duty 24 hours a day and many of them speak English.

General *Yleistä*

Can you get me a doctor?	Voitteko hakea minulle lääkärin.	voa'ttaykoa hahkayah minnoollay lāēkærin
Is there a doctor here?	Onko täällä lääkäriä?	oankoa tāēllæ lāēkæriæ
I need a doctor, quickly.	Tarvitsen lääkärin, nopeasti.	tahrvitsayn lāēkærin noapayahsti
Where can I find a doctor who speaks English?	Mistä löytyisi lääkäri, joka puhuu englantia?	mistæ lur^{ew}tew'si lāēkæri yoakah poohōō aynglahntiah
Where's the surgery (doctor's office)?	Missä on lääkärin vastaan|otto?	missæ oan lāēkærin vahstaanoattoa
What are the surgery (office) hours?	Mitkä ovat vastaan|otto|ajat?	mitkæ oavaht vahstaanoattoaahyæt
Could the doctor come to see me here?	Voisiko lääkäri tulla katsomaan minua tänne?	voa'sikoa lāēkæri toollah kahtsoamaan minnooah tænnay
What time can the doctor come?	Mihin aikaan lääkäri voi tulla?	mihin ah'kaan lāēkæri voa' toollah
Can you recommend a/an ...?	Voitteko suosi-tella ...	voa'ttaykoa s^{oo}oasittayllah
general practitioner	yleis|lääkäriä	ewlay'slāēkæriæ
children's doctor	lasten|lääkäriä	lahstaynlāēkæriæ
eye specialist	silmä|lääkäriä	silmælāēkæriæ
gynaecologist	gynekologia	gewnaykoaloagiah
Can I have an appointment ...?	Voinko saada ajan ...?	voa'nkoah saadah ahyahn
tomorrow	huomenna	h^{oo}oamaynnah
as soon as possible	mahdollisimman pian	mahhdoallissimmahn p'ahn

CHEMIST'S, see page 107

Parts of the body *Ruumiin|osia*

appendix	umpi|lisäke	oompilissækay
arm	käsi|varsi	kæsivahrsi
back	selkä	saylkæ
bladder	virtsa|rakko	virtsahrahkkoa
bone	luu	lōō
bowel	suoli	s°°oali
breast	rinta	rintah
chest	rinta|kehä	rintahkayhæ
ear	korva	koarvah
eye(s)	silmä(t)	silmæ(t)
face	kasvot	kahsvoat
finger	sormi	soarmi
foot	jalka	yahlkah
genitals	suku|elimet	sookooaylimmayt
gland	rauhanen	rah°°hahnayn
hand	käsi	kæsi
head	pää	pǣ
heart	sydän	sewdæn
jaw	leuka	lay°°kah
joint	nivel	nivvayl
kidney	munuainen	moonooah'nayn
knee	polvi	poalvi
leg	sääri	sǣri
ligament	nivel|side	nivvaylsidday
lip	huuli	hōōli
liver	maksa	mahksah
lung	keuhko	kay°°hkoa
mouth	suu	sōō
muscle	lihas	lihhahss
(back of the) neck	kaula (ja niska)	kah°°lah (yah niskah)
nerve	hermo	hayrmoa
nose	nenä	naynæ
rib	kylki|luu	kewlkillōō
shoulder	olka|pää	oalkahpǣ
skin	iho	ihhoa
spine	selkä|ranka	saylkærahnkah
stomach (inside/ outside)	maha/vatsa	mannah/vahtsah
tendon	jänne	yænnay
thigh	reisi	ray'si
throat	kurkku	koorkkoo
thumb	peukalo	pay°°kahloa
toe	varvas	vahrvahs
tongue	kieli	k'ayli
tonsils	kita|risat	kittahrissaht
vein	suoni	s°°oani

Accident—Injury *Onnettomuus—Vamma*

There's been an accident.	On sattunut onnettomuus.	oan sahttoonoot oannayttoamōōss
My child has had a bad fall.	Lapselleni sattui paha kaatuminen.	lahpsayllayni sahttooi pahhah kaatoominnayn
He/She has hurt his/her head.	Hän loukkasi päänsä.	hæn loa°°kkahsi pǣnsæ
He's/She's unconscious.	Hän on tajuton.	hæn oan tahyootoan
He's/She's bleeding (heavily).	Hän vuotaa verta (runsaasti).	hæn v°°oataa vayrtaa (roonsaasti)
He's/She's (seriously) injured.	Hän on (vakavasti) loukkaantunut.	hæn oan (vahkahvahsti) loa°°kkaantoonoot
His/Her arm is broken.	Häneltä on käsi murtunut.	hænayltæ oan kæsi moortoonoot
His/Her ankle is swollen.	Hänen nilkkansa on turvoksissa.	hænayn nilkkahnsah oan toorvoaksissah
I've been stung.	Olen saanut pistoksen.	oalayn saanoot pistoaksayn
I've got something in my eye.	Olen saanut jotain silmääni.	oalayn saanoot yoatah'n silmǣni
I've got a/an ...	Minulle on tullut ...	minnoollay oan toolloot
blister	rakko	rahkkoa
boil	paise	pah'say
bruise	mustelma	moostaylmah
burn	palo|haava	pahloahaavah
cut	(viilto|)haava	(veeltoa)haavah
graze	raapaisu/ veri|naarmu	raapah'soo/vayrinaarmoo
insect bite	hyönteisen purema	h°°urntaysayn pooraymah
lump	kyhmy	kewhmew
rash	ihottuma	ihhoattoomah
sting	pistos	pistoass
swelling	turvotusta	toorvoatoostah
wound	haava	haavah
Could you have a look at it?	Voisitteko katsoa sitä?	voa'sittaykoa kahtsoah sittæ
I can't move my ...	En voi liikuttaa ...	ayn voa' leekoottaa
It hurts.	Siihen koskee.	seehayn koaskāy

Ilmoittautuminen	Reception
Seuraava!	Next!
Mihin koskee?	Where does it hurt?
Millaista kipua se on?	What kind of pain is it?
lievää/pistävää/tykyttävää	dull/sharp/throbbing
jatkuvaa/ajoittaista	constant/on and off
Se on...	It's...
murtunut/nyrjähtänyt	broken/sprained
pois sijoiltaan/revähtänyt	dislocated/torn
Täytyy ottaa röntgen|kuva.	I'd like you to have an X-ray.
Se täytyy laittaa kipsiin.	We'll have to put it in plaster.
Se on tulehtunut.	It's infected.
Oletteko saaneet jäykkä|kouristus|rokotuksen?	Have you been vaccinated against tetanus?
Annan teille särky|lääkettä.	I'll give you a painkiller.

Illness *Tauti*

I'm not feeling well.	En voi hyvin.	ayn voaⁱ **hew**vin
I'm ill.	Olen sairas.	**oa**layn **sah**ⁱrahs
I feel...	Minulla on...	**min**noollah oan
dizzy	huimausta	hooⁱmah^{oo}stah
nauseous	pahoin|vointia	**pah**hoaⁱn**voa**ⁱntiah
shivery	puistatuksia	pooⁱstahtooksiah
I have a temperature (fever).	Minulla on kuu-metta.	**min**noollah oan **kōō**mayttah
My temperature is 38 degrees.	Minulla on 38 astetta kuumetta.	**min**noollah oan 38 **ahs**tayttah **kōō**mayttah
I've been vomiting.	Olen oksentanut.	**oa**layn **oak**sayntahnoot
I'm constipated/ I've got diarrhoea.	Minulla on umme-tusta/ripuli.	**min**noollah oan **oom**maytoostah/**rip**pooli
My... hurt(s).	...-ni on kipeä.	-ni oan **kip**payæ
I've got (a/an)...	Minulla on...	**min**noollah oan
asthma	astma	**ahst**mah
backache	selkä|särkyä	**sayl**kæsæærkewæ

cold	nuha	noohah
cough	yskä	ewskæ
cramps	kouristuksia	koa°°ristooksiah
earache	korva|särky	koarvahsærkew
hay fever	heinä|nuha	hay'nænoohah
headache	pään|särky	pænsærkew
indigestion	ruoan|sulatus|häiriö	r°°oahnsoolahtooshæiriur
nosebleed	veren|vuotoa nenästä	vayraynv°°oatoaah naynæstæ
palpitations	sydämen|tykytystä	sewdæmayntewkewtewstæ
rheumatism	reumatismi	ray°°mahtismi
sore throat	kurkku|kipu	koorkkookippoo
stiff neck	niska jäykkänä	niskah yæ°ʷkkænæ
stomach ache	vatsa|kipuja	vahtsahkippooya
sunstroke	auringon|pisto	ah°°ringoanpistoa
I have difficulties breathing.	Minulla on hengitys|vaikeuksia.	minnoollah oan hayngittewsvah'kayooksiah
I have chest pains.	Minulla on rinta|kipuja.	minnoollah oan rintahkippooyah
I had a heart attack... years ago.	Minulla oli sydän|kohtaus... vuotta sitten.	minnoollah oali sewdænkoahtah°°ss... v°°attah sittayn
My blood pressure is too high/too low.	Veren|paineeni on liian korkea/ matala.	vayraynpah'nayni oan leeahn koarkayah/ mahtahlah
I'm allergic to...	Olen allerginen... -lle.	oalayn ahllayrgginnayn... -llay
I'm diabetic.	Minulla on sokeri-tauti	minnoollah oan soakayritah°°ti

Women's section *Naisten osasto*

I have period pains.	Minulla on kuukautis|kipuja.	minnoollah oan kōōkah°°tiskippooyah
I have a vaginal infection.	Minulla on emätin|tulehdus	minnoollah oan aymætintoolayhdooss
I'm on the pill.	Käytän ehkäisy|pillereitä.	kæ°ʷtæn ayhkæisewpillayray'tæ
I haven't had a period for 2 months.	Minulla ei ole ollut kuukautisia 2:een kuukauteen.	minnoollah ay' oalay oalloot kōōkah°°tissiah kahtäyn kōōkah°°täyn
I'm (3 months) pregnant.	Olen (3:tta kuukautta) raskaana.	oalayn (koalmahttah kōōkah°°ttah) rahskaanah

Kuinka kauan teillä on ollut näitä oireita?	How long have you been feeling like this?
Onko tämä teillä ensimmäistä kertaa?	Is this the first time you've had this?
Mittaan lämpönne/veren|paineen.	I'll take your temperature/blood pressure.
Käärikää hihanne, olkaa hyvä.	Roll up your sleeve, please.
Riisuuntukaa. (Riisukaa ylä|ruumis paljaaksi.)	Please undress (down to the waist).
Käykää makuulle tänne.	Please lie down over here.
Suu auki.	Open your mouth.
Hengittäkää syvään.	Breathe deeply.
Yskikää.	Cough, please.
Mihin koskee?	Where does it hurt?
Teillä on …	You've got (a/an)…
umpi|lisäkkeen tulehdus	appendicitis
rakko|tulehdus	cystitis
maha|katarri	gastritis
flunssa	flu
tulehtunut…	inflammation of…
ruoka|myrkytys	food poisoning
kelta|tauti	jaundice
keuhko|kuume	pneumonia
tuhka|rokko	measles
suku|puoli|tauti	venereal disease
Se ei ole tarttuvaa.	It's (not) contagious.
Se on allergiaa.	It's an allergy.
Annan teille ruiskeen.	I'll give you an injection.
Tarvitsen teiltä veri|/uloste|/virtsa|näytteen.	I want a specimen of your blood/stools/urine.
Teidän täytyy pysyä vuoteessa … päivää.	You must stay in bed for … days.
Annan teille lähetteen erikois|lääkärille.	I want you to see a specialist.
Lähetän teidät sairaalaan yleis|tarkastukseen.	I want you to go to the hospital for a general check-up.

Prescription—Treatment *Lääke|määräys—Hoito*

This is my usual medicine.	Tavallisesti käytän tätä lääkettä.	tahvahllissaysti kæytæn tætæ lǣkayttæ
Can you give me a prescription for this?	Voitteko antaa minulle reseptin tätä varten?	voaˈttaykoa ahntaa minnoollay raysˈsayptin tætæ vahrtayn
Can you prescribe a/an/some…?	Voitteko kirjoittaa reseptin … varten?	voaˈttaykoa keeryoaˈttaa raysˈsayptin … vahrtayn
antidepressant	jotain piristävää	yoatahˈn pirristævǣ
sleeping pills	uni|tabletteja	oonitahˈblayttayyah
tranquillizer	jotain rauhoittavaa	yoatahˈn rahᵒᵒhoaˈttahvaa
I'm allergic to penicillin/certain antibiotics.	Olen allerginen penisilliinille/tietyille anti|biooteille.	oalayn ahllayrgginnayn paynissilleenillay/ tˈaytewˈllay ahnttibⁱōataillay
I don't want anything too strong.	En halua mitään vahvaa.	ayn hahlooah mittǣn vahvaa
How many times a day should I take it?	Montako kertaa päivässä minun pitää ottaa sitä?	moantahkoa kayrtaa pæivæssæ minnoon pittǣ oattaa sittæ
Must I swallow them whole?	Täytyykö ne niellä kokonaisina?	tæᵉʷtewkur nay nˈayllæ koakoanahˈsinnah

🖙 🖙

Mitä hoitoa saatte?	What treatment are you having?
Mitä lääkkeitä otatte?	What medicine are you taking?
Ruiskeena vai suun kautta?	By injection or orally?
Ottakaa … tee|lusikallista tätä lääkettä …	Take … teaspoons of this medicine …
Ottakaa yksi pilleri vesi|lasillisen kanssa …	Take one pill with a glass of water …
joka …-s tunti	every … hours
… kertaa päivässä	… times a day
ennen ateriaa/aterian jälkeen	before/after each meal
aamulla/illalla	in the morning/at night
jos on kipuja	if there is any pain
… päivää	for … days

CHEMIST'S, see page 107

144

Fee *Maksu*

How much do I owe you?	**Paljonko olen velkaa?**	pahlyoankoa oalayn tayⁱllay vaylkaa
May I have a receipt for my health insurance?	**Voinko saada kuitin sairaus|vakuutustani varten?**	voaⁱnkoa saadah kooⁱtin sahⁱrah^{oo}svahkoo͞toostahni vahrtayn
Can I have a medical certificate?	**Voinko saada lääkärin|todistuksen?**	voaⁱnkoa saadah læ͞kærintoadistooksayn
Would you fill in this health insurance form, please?	**Täyttäisitteko tämän sairaus|vakuutus|lomakkeen.**	tæ^{ew}ttæissittaykur tæmæn sahⁱrah^{oo}svahkoo͞toosloa mahkkæ͞en

Hospital *Sairaala*

Please notify my family.	**Ilmoittaisitteko perheelleni.**	ilmoaⁱttahⁱsittaykoa payrhæ͞yllayni
What are the visiting hours?	**Mitka ovat vierailu|ajat?**	mitkæ oavaht vⁱayrahⁱlooahyaht
When can I get up?	**Milloin voin nousta ylös?**	milloaⁱn voaⁱn noa^{oo}stah ewlurs
When will the doctor come?	**Milloin lääkäri tulee?**	milloaⁱn læ͞kæri toolāy
I'm in pain.	**Minulla on tuskia.**	minnoollah oan tooskiah
I can't eat/sleep.	**En voi syödä./En saa unta.**	ayn voaⁱ s^{ew}urdæ/ayn saa oontah
Where is the bell?	**Missä on soitto|kello?**	missæ oan soaⁱttoakaylloa

nurse	**hoitaja**	hoaⁱtahyah
patient	**potilas**	poatillahs
anaesthetic	**puudutus|aine**	poo͞odootoosahⁱnay
blood transfusion	**veren|siirto**	vayraynseertoa
injection	**ruiske**	rooⁱskay
operation	**leikkaus**	layⁱkkah^{oo}s
bed	**vuode**	v^{oo}oaday
bedpan	**alus|astia**	ahloosahstiah
thermometer	**lämpö|mittari**	læmpurmittahri

Dentist *Hammaslääkäri*

Can you recommend a good dentist?	**Voitteko suositella hyvää hammas|lääkäriä?**	voa'sittaykoa s°°asittayllah hewvǣ hahmmahslǣkæriæ
Can I make an appointment to see Dr... as soon as possible?	**Voinko päästä tohtori...-n vastaan|otolle?**	voa'nkoa pǣstæ toahtoari vahstaanoatoallay
Couldn't you make it earlier?	**Eikö löytyisi aikaisempaa aikaa?**	ay'kur lur°ᵂtew'si
I have a broken tooth.	**Minulta on murtunut hammas.**	minnooltah oan moortoonoot hahmmahs
I have toothache.	**Hammastani särkee.**	hahmmahstahni særkaȳ
I have an abscess.	**Minulla on märkä|pesäke.**	minnoollah oan mærkæpaysækay
This tooth hurts.	**Tätä hammasta särkee.**	tætæ hahmmahstah særkaȳ
at the top	**ylhäällä**	ewlhǣllæ
at the bottom	**alhaalla**	ahlhaallah
at the front	**edessä**	aydayssæ
at the back	**takana**	tahkahnah
Can you fix it temporarily?	**Voitteko paikata sen väli|aikaisesti?**	voa'ttaykoa pah'kahtah sayn væliah'kah'saysti
I don't want it pulled out.	**En halua, että se vedetään pois.**	ayn hahlooah ayttæ say vaydaytǣn poa'ss
Could you give me an anaesthetic?	**Voitteko antaa puudutuksen?**	voa'ttaykoa ahntaa pōōdootooksayn
I've lost a filling.	**Minulta on pudonnut paikka.**	minnooltah oan poodoannoot pah'kkah
My gums...	**Ikeneni...**	ikkaynayni
are very sore	**ovat hyvin arat**	oavaht hewvin ahraht
are bleeding	**vuotavat verta**	v°°oatavaht vayrtah
I've broken my dentures.	**Hammas|proteesini on rikki.**	hahmmahsproataȳsinni oan rikki
Can you repair my dentures?	**Voitteko korjata hammas|proteesini?**	voa'ttaykoa koaryahtah hahmmahsproataȳsinni
When will they be ready?	**Milloin ne ovat valmiit?**	milloa'n nay oavaht vahlmeet

Reference section

Where do you come from? *Mistä olette kotoisin?*

Africa	**Afrikka**	ahfrikkah
Asia	**Aasia**	aassiah
Australia	**Australia**	ah°°straaliah
Europe	**Eurooppa**	ay°°rōappah
North America	**Pohjois-Amerikka**	poahyoa's-ahmayrikkah
South America	**Etelä-Amerikka**	aytaylæ-ahmayrikkah
Austria	**Itävalta**	itævahltah
Belgium	**Belgia**	baylgiah
Belorus	**Valkovenäjä**	vahlkoavaynæyæ
Canada	**Kanada**	kahnahdah
China	**Kiina**	keenah
Commonwealth of Independent States (CIS)	**Itsenäisten valtioiden yhteisö (IVY)**	itsaynæistayn vahltioa'dayn ewhtay'sur (IVY)
Denmark	**Tanska**	tahnskah
England	**Englanti**	aynglahnti
Estonia	**Viro**	virroa
Finland	**Suomi**	s°°oami
France	**Ranska**	rahnskah
Germany	**Saksa**	sahksah
Great Britain	**Iso-Britannia**	isoa-britahnniah
Greece	**Kreikka**	kray'kkah
Ireland	**Irlanti**	eerlahnti
Italy	**Italia**	itahliah
Latvia	**Latvia**	lahtviah
Lithuania	**Liettua**	l°ytttooah
Netherlands	**Hollanti**	hoallahnti
New Zealand	**Uusi-Seelanti**	ōōsi-sāylahnti
Norway	**Norja**	noaryah
Portugal	**Portugali**	poartoogahli
Russia	**Venäjä**	vaynæyæ
Scotland	**Skotlanti**	skoatlahnti
Slovakia	**Slovakia**	sloavahkiah
South Africa	**Etelä-Afrikka**	eataylæ-ahfrikkah
Spain	**Espanja**	ayspahnyah
Sweden	**Ruotsi**	r°°oatsi
Switzerland	**Sveitsi**	svay'tsi
Ukraine	**Ukraina**	ookrah'nah
United States	**USA (Yhdys|vallat)**	ōōæssaa (ewhdewsvahllaht)
Wales	**Wales**	vay'ls

Numbers *Luvut*

0	**nolla**	**noal**lah
1	**yksi**	**ewk**si
2	**kaksi**	**kahk**si
3	**kolme**	**koal**may
4	**neljä**	**nayl**yæ
5	**viisi**	**vee**ssi
6	**kuusi**	**kōō**ssi
7	**seitsemän**	**say**ˈtsaymæn
8	**kahdeksan**	**kahh**dayksahn
9	**yhdeksän**	**ewh**dayksæn
10	**kymmenen**	**kewm**maynayn
11	**yksi**ǀ**toista**	**ewk**sitoaˈstah
12	**kaksi**ǀ**toista**	**kahk**sitoaˈstah
13	**kolme**ǀ**toista**	**koal**maytoaˈstah
14	**neljä**ǀ**toista**	**nayl**yætoaˈstah
15	**viisi**ǀ**toista**	**vee**ssitoaˈstah
16	**kuusi**ǀ**toista**	**kōō**ssitoaˈstah
17	**seitsemän** ǀ**toista**	**say**ˈtsaymæn**toa**ˈstah
18	**kahdeksan** ǀ**toista**	**kahh**dayksahn**toa**ˈstah
19	**yhdeksän** ǀ**toista**	**ewh**dayksæn**toa**ˈstah
20	**kaksi**ǀ**kymmentä**	**kahk**sike**wm**mayntæ
21	**kaksi**ǀ**kymmentä** ǀ**yksi**	**kahk**sike**wm**mayntæ**ewk**si
22	**kaksi**ǀ**kymmentä** ǀ**kaksi**	**kahk**sike**wm**mayntæ**kahk**si
23	**kaksi**ǀ**kymmentä** ǀ**kolme**	**kahk**sike**wm**mayntæ**koal**may
24	**kaksi**ǀ**kymmentä** ǀ**neljä**	**kahk**sike**wm**mayntæ**nayl**yæ
25	**kaksi**ǀ**kymmentä** ǀ**viisi**	**kahk**sike**wm**mayntæ**vee**ssi
26	**kaksi**ǀ**kymmentä** ǀ**kuusi**	**kahk**sike**wm**mayntæ**kōō**ssi
27	**kaksi**ǀ**kymmentä** ǀ**seitsemän**	**kahk**sike**wm**mayntæ**say**ˈtsaymæn
28	**kaksi**ǀ**kymmentä** ǀ**kahdeksan**	**kahk**sike**wm**mayntæ**kahh**dayksahn
29	**kaksi**ǀ**kymmentä** ǀ**yhdeksän**	**kahk**sike**wm**mayntæ**ewh**dayksæn
30	**kolme**ǀ**kymmentä**	**koal**mayke**wm**mayntæ
31	**kolme**ǀ**kymmentä** ǀ**yksi**	**koal**mayke**wm**mayntæ**ewk**si
32	**kolme**ǀ**kymmentä** ǀ**kaksi**	**koal**mayke**wm**mayntæ**kahk**si
33	**kolme**ǀ**kymmentä** ǀ**kolme**	**koal**mayke**wm**mayntæ**koal**may
40	**neljä**ǀ**kymmentä**	**nayl**yæke**wm**mayntæ
41	**neljä**ǀ**kymmentä** ǀ**yksi**	**nayl**yæke**wm**mayntæ**ewk**si
42	**neljä**ǀ**kymmentä** ǀ**kaksi**	**nayl**yæke**wm**mayntæ**kahk**si
43	**neljä**ǀ**kymmentä** ǀ**kolme**	**nayl**yæke**wm**mayntæ**koal**may
50	**viisi**ǀ**kymmentä**	**vee**ssike**wm**mayntæ
51	**viisi**ǀ**kymmentä** ǀ**yksi**	**vee**ssike**wm**mayntæ**ewk**si
52	**viisi**ǀ**kymmentä** ǀ**kaksi**	**vee**ssike**wm**mayntæ**kahk**si
53	**viisi**ǀ**kymmentä** ǀ**kolme**	**vee**ssike**wm**mayntæ**koal**may
60	**kuusi**ǀ**kymmentä**	**kōō**ssike**wm**mayntæ
61	**kuusi**ǀ**kymmentä** ǀ**yksi**	**kōō**ssike**wm**mayntæ**ewk**si
62	**kuusi**ǀ**kymmentä** ǀ**kaksi**	**kōō**ssike**wm**mayntæ**kahk**si

63	kuusi|kymmentä|kolme	kōōssikewmmayntækoalmay
70	seitsemän|kymmentä	say'tsaymænkewmmayntæ
71	seitsemän|kymmentä|yksi	say'tsaymænkewmmayntæewksi
72	seitsemän|kymmentä|kaksi	say'tsaymænkewmmayntækahksi
73	seitsemän|kymmentä|kolme	say'tsaymænkewmmayntækoalmay
80	kahdeksan|kymmentä	kahdayksahnkewmmayntæ
81	kahdeksan|kymmentä|yksi	kahdayksahnkewmmayntæewksi
82	kahdeksan|kymmentä|kaksi	kahdayksahnkewmmayntækahksi
83	kahdeksan|kymmentä|kolme	kahdayksahnkewmmayntækoalmay
90	yhdeksän|kymmentä	ewhdayksænkewmmayntæ
91	yhdeksän|kymmentä|yksi	ewhdayksænkewmmayntæewksi
92	yhdeksän|kymmentä|kaksi	ewhdayksænkewmmayntækahksi
93	yhdeksän|kymmentä|kolme	ewhdayksænkewmmayntækoalmay
100	sata	sahtah
101	sata|yksi	sahtahewksi
102	sata|kaksi	sahtahkahksi
110	sata|kymmenen	sahtahkewmmaynayn
120	sata|kaksi|kymmentä	sahtahkahksikewmmayntæ
130	sata|kolme|kymmentä	sahtahkolmaykewmmayntæ
140	sata|neljä|kymmentä	sahtahnaylyækewmmayntæ
150	sata|viisi|kymmentä	sahtahveessikewmmayntæ
160	sata|kuusi|kymmentä	sahtahkōōssikewmmayntæ
170	sata|seitsemän|kymmentä	sahtahsay'tsaymænkewmmayntæ
180	sata|kahdeksan|kymmentä	sahtahkahhdayksahnkewmmayntæ
190	sata|yhdeksän|kymmentä	sahtahewhdayksænkewmmayntæ
200	kaksi|sataa	kahksisahtaa
300	kolme|sataa	koalmaysahtaa
400	neljä|sataa	naylyæsahtaa
500	viisi|sataa	veessisahtaa
600	kuusi|sataa	kōōssisahtaa
700	seitsemän|sataa	say'tsaymænsahtaa
800	kahdeksan|sataa	kahhdayksahnsahtaa
900	yhdeksän|sataa	ewhdayksænsahtaa
1000	tuhat	toohaht
1100	tuhat sata	toohaht sahtah
1200	tuhat kaksi|sataa	toohaht kahksisahtaa
2000	kaksi|tuhatta	kahksitoohahttah
5000	viisi|tuhatta	veessitoohahttah

10,000	kymmenen|tuhatta	kewmmaynayntoohahttah
50,000	viisi|kymmentä|tuhatta	veessikewmmayntætoohahttah
100,000	sata|tuhatta	sahtahtoohahttah
1,000,000	miljoona	milyōanah
1,000,000,000	miljardi	milyahrdi

first	ensimmäinen	aynsimmæinayn
second	toinen	toa'nayn
third	kolmas	koalmahss
fourth	neljäs	naylyæss
fifth	viides	veedayss
sixth	kuudes	koōdayss
seventh	seitsemäs	say'tsaymæss
eighth	kahdeksas	kahhdayksahs
ninth	yhdeksäs	ewhhdayksæs
tenth	kymmenes	kewmmaynayss
once/twice	kerran/kahdesti	kayrrahn/kahhdaysti
three times	kolme kertaa	koalmayah kayrtaa
a half	puolikas	p°°oalikkahs
half a...	puoli...-a	p°°oali...-ah
half of...	puolet...-sta	p°°oalayt...-stah
half (adj.)	puoli	p°°oali
a quarter/one third	neljännes (neljäs|osa)/kolmannes (kolmas|osa)	naylyænnays(naylyæsoassah)/koalmahnnays (koalmahsoassah)
a pair of	pari...-a	pahri
a dozen	tusina	toossinnah
one per cent	yksi prosentia	ewksi proasaynttiah
3.49%	3,49%	koalmay pilkkoo naylyæ kewmmayntæewhdayksæn proasaynttiah
1981	tuhat yhdeksän-|sataa|kahdeksan-|kymmentä|yksi	toohaht ewhdayksænsahtaakahhdayksahnkewmmayntæewksi
1995	tuhat yhdeksän-|sataa|yhdeksän-|kymmentä|viisi	toohaht ewhdayksænsahtaaewhdayksænkewmmayntæveessi
2009	kaksi tuhatta-|yhdeksän	kahksi toohahttah ewhdayksæn

Year and age *Vuosi ja ikä*

year	vuosi	v°°oassi
leap year	karkaus|vuosi	kahrkah°°sv°°oassi
decade	vuosi|kymmen	v°°oassikewmmayn
century	vuosi|sata	v°°oassisahtah
this year	tämä vuosi	tæmæ v°°oassi
last year	viime vuosi	veemay v°°ooassi
next year	ensi vuosi	aynssi v°°oassi
each year	joka vuosi	yoakah v°°oassi
2 years ago	kaksi vuotta sitten	kahksi v°°oattah sittayn

in one year	yhden vuoden kuluttua	ewhdayn v°°oadayn kooloottooah
in the eighties	kahdeksan-|kymmentä-|luvulla	kahhdayksahnkewm-mayntæloovoollah
the 16th century	1500-luku	toohatveessisahtaalookoo
in the 20th century	tuhat|yhdeksän-|sataa|luvulla	toohahtewhdayksænsah-taaloovoollah
How old are you?	Kuinka vanha olet(te)?	koo'nkah vahnhah oalayt(tay)
I'm 30 years old.	Ole 30 vuotias.	oalayn koalmaykewm-mayntæ v°°oatiahss
He/She was born in 1960.	Hän on syntynyt vuonna 1960.	hæn oan sewntewnewt v°°oanah toohahtewh-dayksænsahtaakoōossi kewmmayntæ
What is his/her age?	Minkä ikäinen hän on?	minkæ ikæinayn hæn oan
Children under 16 are not admitted.	Kielletty lapsilta alle 16.	k'ayllayttew lahpsiltah ahl-lay koōossitoa'stah

Seasons *Vuoden|ajat*

spring/summer	kevät/kesä	kayvæt/kayssæ
autumn/winter	syksy/talvi	sewksew/tahlvi
in spring	keväällä	kayvǽllæ/kayssǽllæ
during the summer	kesä|aikana	kayssæah'kahanah
in autumn	syksyllä	sewksewllæ
during the winter	talvi|aikana	tahlviah'kaan
high season	sesonki|aika	saysoankiah'kah
low season	hiljainen aika	hillyah'nayn ah'kah

Months *Kuukaudet*

January	tammi|kuu	tahmmikkoō
February	helmi|kuu	haylmikoō
March	maalis|kuu	maalisskoō
April	huhti|kuu	hoohtikkoō
May	touko|kuu	toa°°koakoō
June	kesä|kuu	kayssækoō
July	heinä|kuu	hay'nækoō
August	elo|kuu	ayloakoō
September	syys|kuu	sewskoō
October	loka|kuu	loakahkoō
November	marras|kuu	mahrrahskoō
December	joulu|kuu	yoa°°lookoō

in September	syys|kuussa	s̄ēwsko͞ossah
since October	loka|kuusta asti	loakahko͞ostah ahsti
the beginning of January	tammi|kuun alku	tahmmikko͞on ahlkoo
the middle of February	helmi|kuun puoli |väli	haylmikko͞on po͞oalivæli
the end of March	maalis|kuun loppu	maalisko͞on loappoo

Days and Date *Päivät ja päivämäärät*

What day is it today?	Mikä päivä tänään on?	mikkæ pæivæ tænǣn oan
Sunday	sunnuntai	soonnoontah[i]
Monday	maanantai	maanahntah[i]
Tuesday	tiistai	teestah[i]
Wednesday	keski|viikko	kayskiveekkoa
Thursday	torstai	toarstah[i]
Friday	perjantai	payryahntah[i]
Saturday	lauantai	lah͏ᵒᵒahntah[i]
It's...	Nyt on...	newt oan
July 1	ensimmäinen heinä|kuuta	aynsimmæ[i]nayn hay[i]næ-k͏ᵒᵒtah
March 10	maalis|kuun kymmenes	maalisko͞on kewm maynayss
in the morning	aamulla	aamoollah
during the day	päivällä	pæ[i]vællæ
in the afternoon	ilta|päivällä	iltahpæ[i]vællæ
in the evening	illalla	illahllah
at night	yöllä	ew͏ᵂᵂllæ
the day before yesterday	toissa|päivänä	toa[i]ssahpæ[i]vænæ
yesterday	eilen	ay[i]layn
today	tänään	yænǣn
tomorrow	huomenna	h͏ᵒᵒoamaynnah
the day after tomorrow	yli|huomenna	ewlih͏ᵒᵒoamaynnah
the day before	edellisenä päivänä	aydayllisaynæ pæ[i]vænæ
the next day	seuraavana päivänä	say͏ᵒᵒraavahnah pæ[i]vænæ
two days ago	kaksi päivää sitten	kahksi pæ[i]vǣ sittayn
in three days' time	kolmessa päivässä	koalmayssæ pæ[i]væssæ
last week	viime viikolla	veemay veekoallah
next week	ensi viikolla	aynsi veekoallah
for a fortnight (two weeks)	kahden viikon ajan	kahhdayn veekoan ahyahn
birthday	syntymä|päivä	sewntewmæpæ[i]væ
day off	vapaa|päivä	vahpaapæ[i]væ

holiday	loma	päivä	loamahpæ'væ
holidays/vacation	loma	loamah
week	viikko	veekkoa
weekend	viikon	loppu	veekoanloappoo
working day	työ	päivä	tew^{ur}pæ'væ
on weekdays	arkisin	ahrkissin

Public holidays *Yleiset vapaa|päivät*

January 1	uuden	vuoden	päivä	New Year's Day
May 1	vappu	Labour Day
December 6	itsenäisyys	päivä	National Day
December 24	joulu	aatto	Christmas Eve
December 25	joulu	päivä	Christmas Day
December 26	tapanin	päivä	St Stephen's Day

Greetings and wishes *Tervehdykset ja toivotukset*

Merry Christmas!	Hyvää Joulua!	hewvēē yoa°°looah
Happy New Year!	Onnellista Uutta Vuotta!	oannayllistah ōōttah v°°oattah
Happy Easter!	Iloista Pääsiäistä!	illoa'stah pēēsiæ'stæ
Happy birthday!	Hyvää syntymä-|päivää!	hewvēē sewntewmæpæ'-væ
Best wishes	Parhain terveisin	pahrhah'n tayrvay'ssin
Congratulations!	Onneksi olkoon!	oannayksi oalkōān
Good luck/All the best!	Onnea!	oannaea
Have a good trip!	Hauskaa matkaa!	hah°°skaa mahtkaa
Have a good holiday!	Hauskaa lomaa!	hah°°skaa loamaa
Best regards from...	Terveisiä...-lta.	tayrvay's'æ...-ltah
My regards to...	Terveiset...-lle.	tayrvay'sayt...-llay

What time is it? *Mitä kello on?*

In Finland, for everyday speech people often prefer the 12-hour clock but in all official or even semi-official contexts the 24-hour clock is used.

| Excuse me. Can you tell me the time? | Anteeksi. Voitteko sanoa, mitä kello on? | ahntāyksi voa'taykoa sah-noah mittæ kaylloa oan |

It's...	Se on...	say oan
(exactly) one	**(tasan) yksi**	**(tah**sahn) **ewk**si
five past one	**viittä yli yksi**	**veet**tæ **ewl**i **ewk**si
ten past two	**kymmentä yli kaksi**	**kewm**mayntæ **ewl**i **kahk**si
a quarter past three	**neljännestä/vartin yli kolme**	**nayl**yænnaystæ/**vahr**tin **ewl**i **koal**may
twenty past four	**kahta kymmentä yli neljä**	**kahh**tah**kewm**mayntæ **ewl**i **nayl**yæ
twenty-five past five	**viittä vaille puoli kuusi**	**veet**tæ **vah'**llay p°°**oali kōō**ssi
half past six	**puoli seitsemän**	p°°**oali** say't**saymæn**
twenty-five to seven	**kahta kymmentä-viittä vaille seitsemän**	**kahh**tah**kewm**mayntæ**veet**tæ **vah'**llay say't**saymæn**
twenty to eight	**kahta kymmentä vaille kahdeksan**	**kahh**tah**kewm**mayntæ **vah'**llay **kahh**dayksahn
a quarter to nine	**viisitoista minuuttia vaille yhdeksän**	**vee**sitoa'stah min**ōō**tiah **vah'**llay **ewhh**dayksæn
ten to ten	**kymmentä vaille kymmenen**	**kewm**mayntæ **va'**llay **kewm**maynayn
five to eleven	**viittä vaille yksi-toista**	**veet**tæ **vah'**llay **ewk**sitoa's-tah
twelve o'clock (noon/midnight)	**kaksitoista (keski-päivällä/keski-yöllä)**	**kahk**sitoa'stah (**kays**ki-pæ'**væl**læ/**kays**kiew'''llæ)
in the morning	**aamulla**	**aa**moollah
in the afternoon	**päivällä**	pæ'**væl**læ
in the evening	**illalla**	**il**lahllah
The train leaves at...	**Juna lähtee kello...**	**yoo**nah **læh**tāy **kayl**loa
13.04 (1.04 p.m.)	**kolme toista nolla neljä**	**koal**maytoa'stah **noal**lah **nayl**yæ
0.40 (0.40 a.m.)	**nolla neljä-kymmentä**	**noal**lah **nayl**yækewm-mayntæ
in five minutes	**viiden minuutin päästä**	**vee**dayn min**ōō**tin **pææ**stæ
in a quarter of an hour	**viidentoista minuutin kuluttua**	**vee**dayntoa'stah min**ōō**tin **koo**loottooah
half an hour ago	**puoli tuntia sitten**	p°°**oali toon**tiah **sit**tayn
about two hours	**noin kaksi tuntia**	**noa'**n **kahk**si **toon**tiah
more than 10 minutes	**yli 10 minuuttia**	**ewl**i **kewm**maynayn min**ōō**ttiah
less than 30 seconds	**alle 30 sekunttia**	**ahl**lay **koal**maykewm-mayntæ **say**koonttiah
The clock is fast/slow.	**Kello edistää/jätät-tää**	**kayl**loa **ay**distæ/**yæ**tættæ

Common abbreviations *Yleisiä lyhenteitä*

ap.	aamu|päivällä	a.m.
as.	asema	railway station
€	euro(a)	euro(s)
esim.	esi|merkiksi	for instance
fil. tri	filosofian tohtori	Ph.D.
Hki	Helsinki	Helsinki
HKL	Helsingin Kaupungin Liikenne|laitos	Helsinki Municipal Transport Company
hra	herra	Mr.
huom.	huomaa, huomautus	note
hv	hevos|voima(a)	horsepower
ip.	ilta|päivällä	p.m
J.K, P.S.	jälki|kirjoitus	postscript
jne.	ja niin edelleen	etc.
joht.	johtaja	director
klo	kello	o'clock
kpl	kappaletta	pieces
ks.	katso	see
lääket. tri	lääke|tieteen tohtori	MD/GP
n.	noin	approximately
nro	numero	number
nti	neiti	Miss
os.	osoite	address
OY	osake|yhtiö	Ltd., Inc.
puh.	puhelin	telephone
pvm.	päivä|määrä	date
rva	rouva	Mrs.
s, ss.	sivu, sivut	page(s)
t, h	tunti(a)	hour(s)
v.	vuosi, vuonna	year
VP	vastausta pyydetään	RSVP
VR	Valtion Rauta|tiet	Finnish State Railways
YK	Yhdistyneet Kansa|kunnat	United Nations
ym.	ynnä muuta	etc.

Signs and notices *Kylttejä ja varoituksia*

Alas	Down
Alennus|myynti/Ale	Sale
Avoinna	Open
Älkää tukkiko sisään|käyntiä	Do not block entrance
Ei saa häiritä	Do not disturb
Ei saa koskea	Do not touch
Epä|kunnossa	Out of order
(Hengen|)vaara	Danger (of death)
Hissi	Lift
Hätä|/Vara|ulos|käytävä	Emergency exit
Kassa	Cash desk
... kielletty	... forbidden
Koputtamatta sisään	Enter without knocking
Kuuma	Hot
Kylmä	Cold
Loppuun|myyty	Sold out
Läpi|kulku (sakon uhalla) kielletty	Tresspassers will be prosecuted
Miehille	Gentlemen
Myydään	For sale
Naisille	Ladies
Neuvonta	Information
Odottakaa	Please wait
Pääsy kielletty	No admittance
Roskaaminen kielletty	No littering
Sisään(|käynti)	Entrance
Soitto|kello/Soittakaa	Please ring
Tupakointi kielletty	No smoking
Työnnä	Push
Täynnä	No vacancies
Ulos(|käynti)	Exit
Vapaa	Vacant
Vapaa pääsy	Free admittance
Varattu	Occupied/Reserved
Varo(kaa)	Caution
Varokaa koiraa	Beware of the dog
Vasta maalattu	Wet paint
Vedä	Pull
Vuokralle tarjotaan	To let
Vuokrataan	For hire
Yksityis|tie	Private road
Ylös	Up

Emergency *Hätä|tilanne*

Call the police.	**Kutsukaa poliisi.**	kootsookaa poaleessi
Consulate	**Konsulaatti**	koansoolaatti
DANGER!	**VAARA!**	vaarah
Embassy	**Lähetystö**	læhaytewstur
FIRE!	**TULI|PALO!**	toolipahloa
Gas	**Kaasua**	kaassooah
Get a doctor.	**Hakekaa lääkäri.**	hahkaykaa lǣkæri
Go away!	**Menkää tiehenne!**	maynkǣ t'aynaynnay
HELP!	**APUA!**	ahpooah
Get help quickly!	**Hakekaa apua–**	hahkaykaa ahpooah
	nopeasti!	noapayahsti
I'm ill.	**Olen sairas.**	oalayn sah'rahs
I'm lost.	**Olen eksynyt.**	oalayn ayksewnewt
Leave me alone!	**Jättäkää minut**	yættækǣ minnoot
	rauhaan!	rah°°haan
LOOK OUT!	**VAROKAA!**	vahroakaa
Poison	**Myrkkyä**	mewrkkewæ
POLICE!	**POLIISI!**	poaleesi
Stop that man/	**Pysäyttäkää tuo**	pewsæ°ʷttækǣ t°°oa
woman!	**mies/nainen!**	m'ays/nah'nayn
STOP THIEF!	**OTTAKAA VARAS**	oattahkaa vahrahs keenni
	KIINNI!	

Emergency telephone numbers *Hätä|puhelin|numerot*

In Helsinki dial 112 to report police, fire and medical emergencies. In other towns, hotels and tourist offices keep lists of local emergency numbers.

Lost property—Theft *Kadonnut omaisuus—Varkaus*

Where's the...?	**Missä on...?**	missæ oan
lost property (lost and found) office	**löytö|tavara-|toimisto**	lur°ʷturtahvahrahtoaʲ-mistoa
police station	**poliisi|asema**	poaleesiahsaymah
I want to report a theft.	**Tekisin ilmoituksen varkaudesta**	taykissin ilmoaʲtooksayn vahrkah°°daystah
My... has been stolen.	**...-ni on varastettu**	-ni oan vahrahstayttoo
I've lost my...	**Olen kadotta-nut...-ni.**	oalayn kahdoattahnoot...-ni
handbag	**käsi|laukku**	kæssilah°°kkooni
passport	**passi**	pahssi
wallet	**lompakko**	loampahkkoa

CAR ACCIDENTS, see page 78

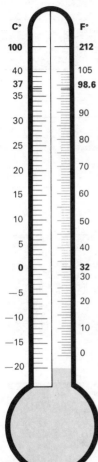

Conversion tables

Centimetres and inches

To change centimetres into inches, multiply by .39.
To change inches into centimetres, multiply by 2.54.

	in.	feet	yards
1 mm	0.039	0.003	0.001
1 cm	0.39	0.03	0.01
1 dm	3.94	0.32	0.10
1 m	39.40	3.28	1.09

	mm	cm	m
1 in.	25.4	2.54	0.025
1 ft.	304.8	30.48	0.304
1 yd.	914.4	91.44	0.914

(32 metres = 35 yards)

Temperature

To convert Centigrade into degrees Fahrenheit, multiply Centigrade by 1.8 and add 32.
To convert degrees Fahrenheit into Centigrade, subtract 32 from Fahrenheit and divide by 1.8.

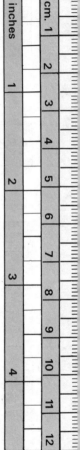

REFERENCE SECTION

Yleistä

Kilometres into miles

1 kilometre (km.) = 0.62 miles

km.	10	20	30	40	50	60	70	80	90	100	110	120	130
miles	6	12	19	25	31	37	44	50	56	62	68	75	81

Miles into kilometres

1 mile = 1.609 kilometres (km.)

miles	10	20	30	40	50	60	70	80	90	100
km.	16	32	48	64	80	97	113	129	145	161

Fluid measures

1 litre (l.) = 0.88 imp. quart or 1.06 U.S. quart
1 imp. quart = 1.14 l.   1 U.S. quart = 0.95 l.
1 imp. gallon = 4.55 l.   1 U.S. gallon = 3.8 l.

litres	5	10	15	20	25	30	35	40	45	50
imp. gal.	1.1	2.2	3.3	4.4	5.5	6.6	7.7	8.8	9.9	11.0
U.S. gal.	1.3	2.6	3.9	5.2	6.5	7.8	9.1	10.4	11.7	13.0

Weights and measures

1 kilogram or kilo (kg.) = 1000 grams (g.)

100 g. = 3.5 oz.   ½ kg. = 1.1 lb.
200 g. = 7.0 oz.   1 kg. = 2.2 lb.
1 oz. = 28.35 g.
1 lb. = 453.60 g.

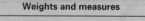

CLOTHING SIZES, see page 114/YARDS AND INCHES, see page 111

Basic Grammar

Finnish, which belongs to the small Finno-Ugrian group of languages, is very different from English, Swedish or Russian, which all belong to the big Indo-European group of languages.*

Finnish uses many more suffixes (word endings) than is usual in European languages. Because of a certain melodic logic, the suffixes are not attached mechanically to words. Vowel harmony and some sound changes associated with inflexional suffixes, although quite regular, complicate the grammar.

Nouns

Finnish has no grammatical gender and no definite or indefinite article.

Finnish nouns can have four kinds of suffixes. They always follow the same order: number + case + possessive + particle.

To simplify presentation here, the sign = indicates a vowel which is the same as the nearest preceding vowel.

1. **Number:** If plural, then -**t** in the nominative case and -**i**- in other cases (between two vowels this plural -**i**- changes to -**j**-).

2. **Case**:

The cases used mainly as subject or object:

case	suffix	basic meaning	example	meaning
nominative	–, (pl. -**t**)	(basic form)	auto	a/the car
genitive	-**n**, (pl. -**en**, -**den**, -**ten**)	possession	auto**n**	of the car
partitive	-**a**, -**ta**, -**tta**	indefinite quantity	auto**a**	(some) car

---

* Finnish is similar to some of the languages around the Gulf of Finland, Estonian being the most widely-spoken. The difference between Finnish and Hungarian, the most widely-spoken of Finno-Ugrian languages, is greater than that between Swedish and Italian.

The local cases:

inessive	-ssa	inside	autossa	in the car
elative	-sta	out of	autosta	out of the car
illative	-=n, -h=n, -seen, -siin	into	autoon	into the car
adessive	-lla	on	autolla	at the car
ablative	-lta	off	autolta	from the car
allative	-lle	onto	autolle	to the car

The cases expressing a state:

essive	-na	in a state	autona	as a car
translative	-ksi	into a state	autoksi	to (become) a car

There are another *three* cases in Finnish but these are rarely used.

Cases are used in many other ways in Finnish and this is just the briefest outline of their use with nouns.

3. **Possessive:** Instead of possessive determiners ('my', 'your' etc.) Finnish uses the genitive forms of the personal pronouns (see table). These are not always necessary, because possessive suffixes indicate the owner.

		singular			plural	
1st person	-ni	autoni	my car	-mme	automme	our car
2nd person	-si	autosi	your car	-nne	autonne	your car
3rd person	-nsa	autonsa	his/her car	-nsa	autonsa	their car

4. **Particle:** Some particles are added to words as suffixes. The most important of these is -**ko** which is used to form direct questions. The question word (usually a verb) appears first in the sentence e.g:

Tuletko?   Are you coming?
Autollako tulet?   Are you coming by car?

Other common suffix particles are **-kin** ('also/too') and **-kaan** ('also' in negative sentences), e.g. Minä**kin**! 'Me too!'

Suffixes are also added to pronouns, adjectives, numbers and some forms of verbs. As attributes these almost always agree with the headword in number and case.

Personal pronouns

You will notice that Finnish has only one word for 'he' and 'she' - **hän**.

subject		object			possessive	
nominative			accusative	partitive	genitive	
I	**minä**	me	**minut**	**minua**	mine	**minum**
you	**sinä**	you	**sinut**	**sinua**	yours	**sinum**
he/she	**hän**	him/her	**hänet**	**hantä**	his/hers	**hänen**
we	**me**	us	**meidät**	**meitä**	ours	**meidän**
you	**te**	you	**teidät**	**teitä**	yours	**teidän**
they	**he**	them	**heidät**	**heitä**	theirs	**heidän**

The 2nd person plural (**te**) is also used as a polite singular 'you' form. When using this form, verbs and suffixes must of course be in the plural form that corresponds to **te**.

Verbs

Subject pronouns in the 1st and 2nd person are often omitted (sometimes also in the 3rd person), because the ending of the verb is enough to indicate the subject. The verb endings are:

I	**-n**	we	**-mme**
you	**-t**	you	**-tte**
he/she	two vowels*	they	**-vat**

* the last vowel of the stem is doubled, if it is not the second vowel of a long vowel or a diphthong.

To form the negative in Finnish a special *verb* is used. This negative verb inflects according to the subject of the sentence just like any other verb. The 'action' verb does not change. This construction is similar to the way 'do not, does not' are used as a negative auxiliary in English.

I	en	we	emme
you	et	you	ette
he/she	ei	they	eivät

Verbs in Finnish can be divided into four groups for inflection:

Present tense:

	ostaa (to buy)	tuoda (to bring)	tulla (to come)	pelata (to play)
I	ostan	tuon	tulen	pelaan
you	ostat	tuot	tulet	pelaat
he/she/it	ostaa	tuo	tulee	pelaa
we	ostamme	tuomme	tulemme	pelaamme
you	ostatte	tuotte	tulette	pelaatte
they	ostavat	tuovat	tulevat	pelaavat

Present tense negative:

I	en osta	en tuo	en tule	en pelaa
you	et osta	et tuo	et tule	et pelaa
he/she/it	ei osta	ei tuo	ei tule	ei pelaa
we	emme osta	emme tuo	emme tule	emme pelaa
you	ette osta	ette tuo	ette tule	ette pelaa
they	eivät osta	eivät tuo	eivät tule	eivät pelaa

Past tense:

The ending for the past tense is -**i**-. It causes many vowel and consonant changes.

I	ostin	toin	tulin	pelasin
you	ostit	toit	tulit	pelasit
he/she/it	osti	toi	tuli	pelasi
we	ostimme	toimme	tulimme	pelasimme
you	ostitte	toitte	tulitte	pelasitte
they	ostivat	toivat	tulivat	pelasivat

Irregular verbs

olla (to be)				
Present tense		Present tense negative	Past tense	
I am	(minä) olen	en ole	I was	olin
you are	(sinä) olet	et ole	you were	olit
he/she is	hän on	hän ei ole	he/she was	hän oli
it is	se on	se ei ole	it was	se oli
we are	(me) olemme	emme ole	we were	olimme
you are	(te) olette	ette ole	you were	olitte
they are	he ovat	he eivät ole	they were	he olivat

The personal pronouns in brackets are used for emphasis only. Normally they are required only with the 3rd person singular and plural forms.

To have

There is no corresponding verb for 'to have' in Finnish. Instead the possessor appears in the adessive case combined with the 3rd person singular of the verb **olla** (to be) in the appropriate tense:

I have a card.	Minu*lla* **on** kortti.
Do you have money?	*On*ko sinu*lla*/tei*llä* rahaa?
He does not have time.	Häne*llä* *ei ole* aikaa.
We had fun.	Mei*llä* *oli* hauskaa.
They have had fun.	Hei*llä* **on** ollut hauskaa.

Some adverbs of place

Missä?	Where?	Mistä?	From where?	Minne?	Where to?
siellä	there (place mentioned before)	sieltä	from there	sinne	(in) there
täällä	here	täältä	from there	tänne	(in) here
tuoola	there (place pointed to)	tuolta	from there	tuonne	(in) there

Dictionary
and alphabetical index

English-Finnish

itr intransitive   *tr* transitive

A
abbey luostari 80
abbreviation lyhennys 154
about *(approximately)* noin 153
above yllä, yli 15; yläpuolella 63
abscess märkäpesäke 145
absorbent cotton vanu 108
accept, to ottaa 61; hyväksyä 102
accessories asusteet 115; lisälaitteet 125
accident onnettomuus 78, 139
account tili 130
ache särky 141
adaptor adapteri, sovitin 118
address osoite 21, 31, 76, 79, 102
address book osoitekirja 104
adhesive liima 104, 105
adhesive tape teippi 104
admission (sisään)pääsy 82, 90, 155
admitted päästää sisään 150
Africa Afrikka 146
after jälkeen 15, 77
after-shave lotion partavesi 109
afternoon, in the iltapäivällä 151, 153
again uudelleen 96, 136
against vastaan 140
age ikä 149, 150
ago sitten 149, 151
air bed ilmapatja 106
air conditioning ilmastointi 23, 28
air mattress ilmapatja 106
airmail lentoposti 132
airplane lentokone 65
airport lentokenttä 16, 21; lentoasema 65
aisle seat käytävä-paikka 65
alarm clock herätyskello 121
alcohol alkoholi 37, 58
alcoholic alkoholi 58
all kaikki 103
allergic allerginen 141, 143

almond manteli 53
alphabet aakkoset 9
also myös 15
alter, to *(garment)* korjata 114
altitude sickness lentopahoinvointi 107
amazing hämmästyttävä 83
amber meripihka 122
ambulance ambulanssi 79
American amerikkalainen 93, 105, 126
American plan täysihoito 24
amethyst ametisti 122
amount summa 61, 131
amplifier vahvistin 118
anaesthetic puudutusaine 144; puudutus 145
analgesic kipua lievittävä 108
anchovy anjovis 44
and ja 15
animal eläin 85
aniseed anis 51
ankle nilkka 139
anorak anorakki 115
another toinen 56, 123
answer vastaus 136
antibiotic antibiootti 143
antidepressant piristävä lääke 143
antique shop antiikkikauppa 98
antiques antiikki 83
antiseptic cream antiseptinen voide 108
any yhtään 14
anyone kukaan 12, 16
anything mitään 17, 25, 101, 112
anywhere jossain, missään 89
apartment huoneisto 23
aperitif aperitiivi 58
appendicitis umpilisäkkeen tulehdus 142
appendix umpilisäke 138
appetizer alkuruoka 41

apple omena 53, 63, 119
apple juice omenamehu 59
appliance koje 118
appointment sovittu tapaaminen 131; aika 137; vastaanotto 145
apricot aprikoosi 52
April huhtikuu 150
archaeology arkeologia 83
architect arkkitehti 83
area code suuntanumero 134
arm käsivarsi 138, 139
around *(approximately)* suunnilleen 31
arrangement *(set price)* sopimus 20
arrival saapuva 65
arrive, to olla perillä 65; saapua 68, 70; tulla 130
art taide 83
art gallery taidegalleria 80, 98
artichoke artisokka 49
article tavara 101
artificial keino 124
artificial light keinovalo 124
artist taiteilija 81, 83
ashtray tuhkakuppi 36
Asia Aasia 146
ask for, to pyytää 25, 60
asparagus parsa 49
aspirin aspiriini 108
asthma astma 140
astringent kasvovesi 109
at kohdalla 15
at least vähintään 24
at once heti 31
aubergine munakoiso 49
August elokuu 150
aunt täti 93
Australia Australia 146
Austria Itävalta 146
automatic automaatti 20, 122, 124
autumn syksy 150
average keskinkertainen 91
awful kaamea 84, 94

B
baby pikkulapsi 25; vauva 110
baby food vauvan ruoka 110
babysitter lapsenvahti 27
back selkä 138
back, to be/to get tulla takaisin 21, 80; palata 136
backache selkäsärky 140
bacon pekoni 40

bacon and eggs pekonia ja munia 40
bad huono 14; kehno 95
bag laukku 18; kassi 103
baggage matkatavara 18, 26, 31, 71
baggage cart (työntö)kärry 18, 70
baggage check matkatavarasäilytys 67, 71
baggage locker säilytyslokero 18, 67, 70
baked uunissa paistettu 45, 47
baker's leipomo 98
balance *(finance)* saldo 131
balcony parveke 24
ball *(inflated)* pallo 128
ball-point pen kuulakärkikynä 104
ballet baletti 87
banana banaani 52, 63
Band-Aid ® laastari 108
bandage side 108
bangle rannerengas 121
bangs otsatukka 30
bank *(finance)* pankki 98, 129, 130
banknote seteli 130
bar *(room)* baari 33
barber's parturi 30, 98
basil basilika 51
basketball koripallo 89
bath kylpyhuone 24, 25, 27
bath salts kylpysuola 109
bath towel kylpypyyhe 27
bathing cap uimalakki 115
bathing hut uimakoppi 90
bathing suit uimapuku 115
bathrobe kylpytakki 115
bathroom kylpyhuone 27
battery akku 75, 78; paristo 118, 121, 125
be, to olla 163
beach ranta 90
beach ball rantapallo 128
bean papu 49
beard parta 31
beautiful kaunis 14, 83
beauty salon kauneushoitola 30, 98
bed sänky 24; vuode 28, 142, 144
bed and breakfast (yösija) aamiaisen kanssa 25
bedpan alusastia 144
beef naudanliha 46
beer olut 55, 63
beet(root) punajuuri 49
before *(time)* ennen 15
begin, to alkaa 80, 86
beginner aloittelija 91
beginning alku 150

business class business-luokka 65
business district liikekeskus 81
business trip liikematka 94
busy (muussa) puuhassa 96
but mutta 15
butane gas butaani, nestekaasu 32, 106
butcher's lihakauppa 98
butter voi 36, 40, 64
button nappi 29, 116
buy, to ostaa 82, 100, 104, 123

C

cabana uimakoppi 91
cabbage kaali 49
cabin (ship) hytti 74
cable sähke 133
cable release lankalaukaisin 125
café kahvio, kahvila 33
cake kakku 37, 54, 63
calculator laskin 104
calendar kalenteri 104
call (phone) puhelu 134, 136
call back, to soittaa takaisin 136
call, to (give name) nimittää 11
call, to (phone) soittaa 134, 136
call, to (summon) kutsua 78, 156
calm tyyni 90
cambric hieno palttina 113
camel-hair kamelinkarva 113
camera kamera 124, 125
camera case kameralaukku 125
camera shop valokuvausliike 98
camp site leirintäalue 32
camp, to leiriytyä 32
campbed telttasänky 106
camping leirintä 32
camping equipment leirintävarusteet 106
can (be able to) voida 12
can (container) purkki, tölkki 119
can opener purkinavaaja 120
Canada Kanada 146
Canadian kanadalainen 93
cancel, to peruuttaa 65
candle kynttilä 120
candy makeinen 126
candy store makeiskauppa 98
cap lakki 115
capers kapris 51
capital (finance) pääoma 131
car auto 19, 20, 32, 75, 78
car hire auton vuokraus 20

car mechanic (auton)korjaaja 78
car park pysäköintialue 77
car racing kilpa-ajot 89
car radio autoradio 118
car rental auton vuokraus 20
carat karaatti 121
caravan asuntovaunu 32
caraway kumina 51
carbon paper hiilipaperi 104
carbonated (fizzy) hiilihapollinen 59
carburettor kaasutin 78
card kortti 131
card game korttipeli 128
cardigan neuletakki, villatakki 115
carrot porkkana 49
carry, to kantaa 21
cart (työntö)kärry 18
carton (of cigarettes) kartonki 17, 126
cartridge (camera) kasetti 124
case kotelo 123; laukku 125
cash desk kassa 103, 155
cash, to vaihtaa rahaksi 130; lunastaa 133
cassette kasetti 118, 127
cassette recorder kasettinauhuri 118
castle linna 81
catacombs katakombit 81
catalogue luettelo 82
cathedral tuomiokirkko 81
Catholic katolinen 84
cauliflower kukkakaali 49
caution varo 155
cave luola 81
celery selleri 49
cemetery hautausmaa 81
centimetre senttimetri 111
centre keskusta 19, 21, 76, 81
century vuosisata 149
ceramics keramiikka 83
cereal hiutaleita 40
certificate todistus 144
chain (jewellery) ketju 121
chain bracelet rannekoru 121
chair tuoli 106
chamber music kamarimusiikki 128
change (money) vaihtoraha 62, 130; kolikoita 77
change, to vaihtaa 60, 68, 73, 75, 123; muuttaa 65
change, to (money) vaihtaa 18, 130
chapel kappeli 81
charcoal grillihiili 106
charge maksu 20, 32, 77, 89, 136
charge, to veloittaa 25, 130
charm (trinket) amuletti 121

charm bracelet ranneketju 121
cheap halpa 14, 101
cheaper halvempi 24, 25, 101
check *(money)* shekki 130, 131
check *(restaurant)* lasku 61
check in, to *(airport)* ilmoittautua (lähtöön) 65
check out, to lähteä (ilmoittautua lähteväksi) 31
check, to tarkistaa 75, 123
check, to *(luggage)* lähettää matkatavara 71
check-up *(medical)* tarkastus 142
cheers! kippis 56
cheese juusto 51, 64
chemist's apteekki 98, 107
cheque shekki 130, 131
cherry kirsikka 52
chervil kirveli 51
chess set shakkipeli 128
chest rintakehä 138, 141
chestnut kastanja 52
chewing gum purukumi 126
chewing tobacco purutupakka 126
chicken kana 48, 62
chicken breast kanan rinta 48
chicory endive 49
chiffon shifonki 113
child lapsi 24, 60, 82, 93, 139, 150
children's doctor lastenlääkäri 137
China Kiina 146
chips ranskalaiset perunat 62; perunalastut 63
chives ruoholaukka 51
chocolate suklaa 64, 119, 126
chocolate *(hot)* kaakao 40, 60
chocolate bar suklaapatukka 64
choice valinta 39
chop *(meat)* kyljys 46
Christmas joulu 152
chromium kromi 122
church kirkko 81, 84
cigar sikaari 126
cigarette savuke 17, 95, 126; tupakka 121
cigarette case savukekotelo 121, 126
cigarette holder imuke 126
cigarette lighter (tupakan) sytytin 121, 126
cinema elokuva 86, 96
cinnamon kaneli 51
circle *(theatre)* parveke 87
city kaupunki 81
city centre kaupungin keskusta 81
classical klassinen 128

clean puhdas 61
clean, to puhdistaa 29, 76
cleansing cream puhdistusvoide 109
cliff jyrkänne 85
cloakroom vaatesäilö 87
clock kello 121; aika 153
clock-radio kelloradio 118
close, to sulkea *tr* 11, 82, 107, 132
closed suljettu 155
clothes vaatteet 29, 115
clothes peg/pin pyykkipoika 120
clothing vaatetus 111
cloud pilvi 94
clove mausteneilikka 51
coach *(bus)* linja-auto 71
coast rannikko 85
coat takki 115
coconut kookospähkinä 52
cod turska 44
coffee kahvi 40, 60, 64
coin (metalli)raha 83
cold kylmä 14, 25, 40, 61, 94, 155
cold *(illness)* vilustuminen 107, 141
cold cuts leikkeleet 64
collar kaulus 116
collect call vastaanottaja maksaa-puhelu 134
colour väri 103, 111, 124, 125
colour chart värikartta 30
colour rinse värihuuhtelu 30
colour shampoo värishampoo 110
colour slide väridia 124
colourfast väriäpäästämätön 113
comb kampa 110
come, to tulla 36, 92, 95, 137, 144, 146
comedy komedia 86
commission *(fee)* välityspalkkio 130
common *(frequent)* yleinen 154
compact disc CD-levy 127
compartment *(train)* vaunuosasto 70
compass kompassi 106
complaint valitus 60
concert konsertti 87
concert hall konserttisali, talo 81, 88
condom kondomi 108
conductor *(orchestra)* kapellimestari 88
confectioner's makeiskauppa 98
conference room kokoushuone 24
confirm, to vahvistaa 65
confirmation vahvistus 23
congratulation onnittelu 152
connection *(transport)* yhteys 65, 67
constipation ummetus 140
consulate konsulaatti 156

contact lens kontaktilinssi 123
contagious tarttuva 142
contain, to sisältää 37
contraceptive ehkäisyväline 108
contract sopimus 131
control tarkastus 16
convent nunnaluostari 81
cookie keksi 64
cool box kylmäkassi 106
copper kupari 122
coral koralli 122
corduroy vakosametti 113
corn *(Am.)* maissi 49
corn *(foot)* liikavarvas 108
corn plaster liikavarvaslaastari 108
corner kulma 21, 77; nurkka 36
cosmetics kosmetiikka 109
cost kustannukset 131, 136
cost, to maksaa 11, 80, 133
cot lapsen sänky 24
cotton puuvilla 113
cotton wool vanu 108
cough yskä 107, 141
cough drops yskänlääke 108
cough syrup yskänlääke 108
cough, to yskiä 142
counter luukku 133
country maa 93, 146
countryside maaseutu 85
courgette munakoiso 49
court house oikeustalo 81
cousin serkku 93
cracker voileipäkeksi 64
cramp kouristus 141
crayfish *(river)* rapu 44
crayon värikynä 104
cream kerma 60
cream *(toiletry)* voide 109
crease resistant rypistymätön 113
credit luotto 130
credit card luottokortti 20, 31, 62, 102, 130
crepe kreppi 113
crockery astiat 120
cross risti 121
cross-country skiing murtomaahiihto 91
crossing *(maritime)* ylitys 74
crossroads tienhaara 77
cruise risteily 73
crystal kristalli 122
cucumber kurkku 49
cuff link kalvosinnappi 121
cuisine keittiö 34
cup kuppi 36, 60, 120

curler papiljotti 110
currency valuutta 129
currency exchange office valuutanvaihto(toimisto) 18, 67, 129
current virtaus 90
curtain verho 29
customs tulli 16, 102
cut *(wound)* (viilto)haava 139
cut glass hiottu lasi 122
cut off, to *(interrupt)* mennä poikki 135
cut, to *(with scissors)* leikata 30
cuticle remover kynsinauhavesi 109
cutlery ruokailuvälineet 120, 121
cutlet kotletti 46
cycling pyöräily 89
cystitis rakkotulehdus 142

D
dairy maitokauppa 98
dance tanssi 88, 96
dance, to tanssia 88, 96
danger vaara 155, 156
dangerous vaarallinen 90
dark pimeä 101, 111, 112; tumma 101, 111, 112
date *(appointment)* treffit 95
date *(day)* päivä 26; päivämäärä 151
date *(fruit)* taateli 53
daughter tytär 93
day päivä 20, 25, 80, 94, 150, 151
day off vapaapäivä 151
daylight päivänvalo 124
decade vuosikymmen 149
decaffeinated kafeiinitonta 40, 60
December joulukuu 150
decision päätös 25, 102
deck *(ship)* kansi 74
deck chair kansituoli 90
declare, to *(customs)* ilmoittaa tullattavaksi 17
deep syvä 142
degree *(temperature)* aste 140
delay myöhässä 68
delicatessen herkkumyymälä 98
delicious herkullinen 62
deliver, to toimittaa 102
delivery toimitus 102
denim farkkukangas 113
Denmark Tanska 146
dentist hammaslääkäri 98, 145
denture hammasproteesi 145
deodorant deodorantti 109
department *(museum)* osasto 83
department *(shop)* osasto 100

department store tavaratalo 98
departure lähtö 65
deposit *(down payment)* ennakkomaksu 20; *(bank)* pano 130
dessert jälkiruoka 37, 54
diabetic diabeetikko 37; sokeritautinen 141
dialling code suuntanumero 134
diamond timantti 122
diaper vaippa 110
diarrhoea ripuli 140
dictionary sanakirja 104
diesel dieselöljy 75
diet dieetti 37
difficult vaikea 14
difficulty vaikeus 28, 102, 141
digital digitaali 122
dill tilli 51
dining car ravintolavaunu 66, 68, 71
dining room ruokasali 28
dinner päivällinen 34, 95
direct suora 65
direct, to opastaa 13
direction suunta 76
director *(theatre)* ohjaaja 86
directory *(phone)* puhelinluettelo 134
disabled vammainen 82
disc kiekko 77; levy 127
discotheque disko 88, 96
discount alennus 131
disease tauti 142
dish ruokalaji 36
disinfectant desinfiointiaine 108
dislocated pois sijoiltaan 140
display case esittelyteline 100
dissatisfied tyytymätön 103
district *(of town)* alue 81
disturb, to häiritä 155
dizzy huimaus 140
doctor lääkäri 79, 137, 144, 145
doctor's office lääkärin vastaanotto 137
dog koira 155
doll nukke 128
dollar dollari 18, 102, 130
door ovi 155
double bed kaksoisvuode 23
double room kahden hengen huone 19, 23
down alhaalla, alas 15
downhill skiing laskettelu 91
downtown keskusta 81
dozen tusina 149
drawing paper piirustuspaperi 104

drawing pins piirustusneuloja 104
dress leninki 115
dressing gown aamutakki 115
drink juoma 55, 59, 60, 61, 95
drink, to juoda 35, 36, 37
drinking water juomavesi 32
drip, to tippua 28
drive, to ajaa 21, 76
driving licence ajokortti 20, 79
drop *(liquid)* tippa 108
drugstore apteekki 98, 107
dry kuiva 30, 57, 110
dry cleaner's pesula 29, 98
dry shampoo kuivashampoo 110
duck ankka 48
dummy *(baby's)* tutti 110
during aikana 15, 150
duty *(customs)* tulli 17
duty-free shop verovapaa myymälä 19
dye värjäys 30; hiusväri 110

E
each joka 149
ear korva 138
ear drops korvatipat 108
earache korvasärky 141
early *(a)* aikainen 14; aikaisin 31
earring korvakoru 121
east itä 77
Easter pääsiäinen 152
easy helppo 14
eat, to syödä 36, 37, 144
eel ankerias 44
egg muna 40, 64
eggplant munakoiso 49
eight kahdeksan 147
eighteen kahdeksantoista 147
eighth kahdeksas 149
eighty kahdeksankymmentä 148
elastic elastinen, kimmo 108
elastic bandage kimmoside, ideaaliside 108
electric(al) sähkö 118
electrical appliance sähkökoje 118
electrical goods shop sähköliike 98
electricity sähkö 32
electronic elektroninen 128
elevator hissi 28, 100
eleven yksitoista 147
embarkation point laivaan nousukohta 73
embassy lähetystö 156
emerald smaragdi 122

DICTIONARY

emergency hätä 156
emergency exit hätäuloskäynti 28, 99
emery board hiekkapaperiviila 109
empty tyhjä 14
enamel emali 122
end loppu 150
engaged (phone) varattu 136
engagement ring kihlasormus 122
engine (car) moottori 78
England Englanti 134, 146
English englantilainen 93, 126
English (language) englanti 11, 16, 80, 82, 84, 104, 105
enjoy oneself, to pitää hauskaa 96
enjoyable viihtyisä 31
enlarge, to suurentaa 125
enough tarpeeksi 14, 68
entrance sisään(käynti) 67, 99, 155
entrance fee pääsymaksu 82
envelope kirjekuori 104
equipment varusteet 90, 91, 106
eraser pyyhekumi 104
estimate (cost) (kustannus)arvio 78, 131
Estonia Viro 146
Eurocheque euroshekki 130
Europe Eurooppa 146
evening ilta 95, 96
evening dress iltapuku 88
evening dress (woman's) iltapuku 115
evening, in the illalla 151, 153
every joka 143
everything kaikki 31, 61
examine, to tutkia 137
exchange rate vaihtokurssi 18, 130
exchange, to vaihtaa 103
excursion retki 80
excuse me anteeksi 11, 152
excuse, to antaa anteeksi 11
exercise book kirjoitusvihko 104
exhaust pipe pakoputki 78
exhibition näyttely 81
exit ulos(käynti) 67, 99, 155
expect, to odottaa 130
expenses kulut 131
expensive kallis 14, 19, 25, 101
exposure (photography) kuva 124, 125
exposure counter kuvalaskuri 125
express pika 132
expression ilmaisu 10, 100
expressway moottoritie 76
extension (phone) alanumero 135
extension cord/lead jatkojohto 118
extra lisä 27
eye silmä 138, 139

eye drops silmätipat 108
eye shadow luomiväri 109
eye specialist silmälääkäri 137
eyebrow pencil kulmakynä 109
eyesight näkö 123

F
fabric (cloth) kangas 112
face kasvot 138
face pack kasvonaamio 30
face powder kasvopuuteri 109
factory tehdas 81
fair messut, markkinat 81
fall (autumn) syksy 150
fall, to kaatua 139
family perhe 93, 144
fan belt tuulettimen hihna 75
far kaukana 14, 100
fare (ticket) maksu 67, 73
farm maatalo 85
fast herkkä (nopea) 124
fat (meat) rasva 37
father isä 93
faucet vesihana 28
fax faksi 133
February helmikuu 150
fee (doctor's) maksu 144
feeding bottle tuttipullo 110
feel, to (physical state) tuntea 140, 142
felt huopa 113
felt-tip pen huopakärkikynä 104
ferry lautta 74
fever kuume 140
few harva 14
few (a few) muutama 14
field pelto 85
fifteen viisitoista 147
fifth viides 149
fifty viisikymmentä 147
file (tool) viila 109
fill in, to täyttää 26, 144
filling (tooth) paikka 145
filling station bensiiniasema 75
film filmi 86, 124, 125
film winder filminkelaaja 125
filter suodatin 125
filter-tipped suodattimella 126
find, to löytää tr 11, 12, 76; löytyä itr 84, 100
fine (OK) hyvin 11, 92; hyvä 25, 92
fine arts taide-esineet 83
finger sormi 138
Finland Suomi 146

Sanakirja

Finnish suomalainen 34, 113, 135
fire tulipalo 156
first ensimmäinen 69, 72, 77, 149
first class ensimmäinen luokka 68
first name etunimi 26
first-aid kit ensiapupakkaus 108
fish kala 43
fishing kalastus 90
fishing permit kalastuslupa 90
fishing tackle kalastusvälineet 106
fishmonger's kalakauppa 98
fit, to sopia 114
fitting room sovituskoppi 114
five viisi 147
fix, to korjata 75; paikata 145
fizzy (mineral water) hiilihapollinen 59
flannel flanelli 113
flash (photography) salamavalo 125
flash attachment salamalaite 125
flashlight taskulamppu 106
flat (apartment) huoneisto 23
flat (shoe) matalakorkoinen 117
flat tyre rengas tyhjänä 78
flea market kirpputori 81
flight lento 65
floor kerros 27
floor show ohjelma 88
florist's kukkakauppa 98
flounder kampela 44
flour jauho 37
flower kukka 85
flu flunssa 142
fluid neste 75, 123
foam rubber mattress
vaahtomuovipatja 106
fog sumu 94
folding chair kokoonpantava tuoli 106
folding table kokoontaitettava pöytä
106
folk music kansanmusiikki 128
follow, to seurata 77
food ruoka 37, 61
food poisoning ruokamyrkytys 142
foot jalka 138
foot cream jalkavoide 109
football jalkapallo 89
footpath polku 85
for (direction, position) suuntaan,
sijaan 15
forbidden kielletty 155
forecast ennuste 94
forest metsä 85
forget, to unohtaa 61
fork haarukka 36, 60, 120
form (document) kortti 26; kaavake

133; lomake 144
fortnight kaksi viikkoa 151
fortress linnoitus 81
forty neljäkymmentä 147
foundation cream alusvoide 109
fountain lähde 81
fountain pen täytekynä 104
four neljä 147
fourteen neljätoista 147
fourth neljäs 149
frame (glasses) sangat 123
France Ranska 146
free vapaa 14, 70, 80, 82, 96, 155
French fries ranskalaiset perunat 62
fresh tuore 52, 61
Friday perjantai 151
fried paistettu 45, 47
fried egg paistettu muna 40
friend ystävä 95
fringe otsatukka 30
from suunnasta 15
front edessä 75
frost pakkanen 94
fruit hedelmä 52
fruit cocktail hedelmäcocktail 52
fruit juice hedelmämehu 40, 59
frying pan paistinpannu 120
full täysi 14
full board täysihoito 24
full insurance täysvakuutus 20
furniture huonekalut 83
furrier's turkisliike 98

G

gabardine gabardiini 113
gallery galleria 80, 98
game peli 128
game (food) riista 48
garage autotalli 26; korjaamo 78
garden puutarha 85
gardens puutarha 81
garlic valkosipuli 51
gas kaasu 156
gasoline bensiini, bensa 75, 78
gastritis mahakatarri 142
gate (airport) portti 65
gauze sideharso 108
gem jalokivi 121
general yleinen 27, 100, 137
general delivery poste restante 133
general practitioner yleislääkäri 137
genitals sukuelimet 138
gentleman mies 155

genuine aito 117
geology geologia 83
Germany Saksa 146
get off, to nousta pois 73
get past, to päästä ohi 69
get to, to päästä 19, 76
get up, to nousta ylös 144
get, to *(find)* saada 11, 19, 21, 32; hankkia 21
gherkin suolakurkku 64
gift lahja 17
gin gini 58
gin and tonic gintonic 58
ginger inkivääri 51
girdle (naisten) liivit 115
girl tyttö 111, 128
girlfriend tyttöystävä 93
give, to antaa 13, 123, 135; saada 63, 75, 126, 130
gland rauhanen 138
glass lasi 36, 57, 60
glasses silmälasit 123
gloomy synkkä 83
glove hansikas 115
glue liima 104
go away! menkää tiehenne! 156
go back, to palata 77
go out, to lähteä ulos 96
go, to mennä 72; ajaa 21, 77; lähteä 96
gold kulta 121, 122
gold plated kullattu 122
golden kullanvärinen 112
golf golf 89
golf course golf-rata 89
good hyvä 14, 86, 101
good afternoon (hyvää) päivää 10
good evening (hyvää) iltaa 10
good morning (hyvää) huomenta 10
good night hyvää yötä 10
goodbye näkemiin 10
goose hanhi 48
gooseberry karviaismarja 52
gram gramma 119
grammar kielioppi 159
grammar book kielioppi 105
grandfather isoisä 93
grandmother isoäiti 93
grape viinirypäle 53, 64
grapefruit greippi 52
grapefruit juice greippimehu 40, 59
gray harmaa 112
graze raapaisu, verinaarmu 139
greasy rasvainen 30, 110
great *(excellent)* hieno, oikein mukava 95

Great Britain Iso-Britannia 146
Greece Kreikka 146
green vihreä 112
greengrocer's vihannesmyymälä 98
greeting tervehdys 10, 152
grey harmaa 112
grilled grillattu 45, 47
grocer's sekatavarakauppa 98, 119
groundsheet telttapatja 106
group ryhmä 82
guesthouse matkustajakoti 19, 23
guide opas 80
guidebook opaskirja 82, 104, 105
gum *(teeth)* ikenet 145
gynaecologist gynekologi 137, 141

H
habit tapa 34
hair hiukset 30, 110
hair dryer hiustenkuivaaja 118
hair gel hiusgeeli 30, 110
hair lotion hiusvesi 110
hair slide hiussolki 110
hair spray hiuslakka 30, 110
hairbrush hiusharja 110
haircut tukanleikkuu 30
hairdresser kampaaja 30, 98
hairgrip hiussolki 110
hairpin hiusneula 110
half *(a)* puoli 149
half an hour puoli tuntia 153
half board puolihoito 24
half, a puolikas 149
hall *(large room)* sali, halli 81, 88
hall porter portieeri 27
ham kinkku 40, 64
ham and eggs kinkkua ja munia 40
hammer vasara 120
hammock riippumatto 106
hand käsi 138
hand cream käsivoide 109
hand washable käsinpestävä 113
handbag käsilaukku 115, 156
handicrafts käsityö(tuotteet) 83, 127
handkerchief nenäliina 115
handmade käsitehty 112
hanger vaateripustin 27
happy onnellinen 152
harbour satama 73, 81
hard kova 123
hard-boiled *(egg)* kovaksi keitetty 40
hardware store kodinkonemyymälä 98

hare jänis 48
hat hattu 115
have to, to *(must)* on -ttava 17, 68;
  täytyy 68, 77, 95, 140
have, to -lla on 163
hay fever heinänuha 107, 141
hazelnut hasselpähkinä 52
he hän 161
head pää 138, 139
head waiter hovimestari 61
headache päänsärky 141
headphones kuulokkeet 118
health food shop
  luontaistuotemyymälä 98
health insurance *(company)*
  sairausvakuutus 144
health insurance form
  sairausvakuutuslomake 144
heart sydän 138
heart attack sydänkohtaus 141
heat, to lämmittää 90
heavy raskas 14; painava 101
heel korko 117
helicopter helikopteri 74
hello hei, terve 10, 135
help apu 156
help! apua! 156
help, to auttaa 13, 21, 70, 100, 134
help, to *(oneself)* ottaa (itse) 119
her hän 161
herb tea yrttitee 59
herbs yrtit 51
here täällä 14
herring silli 44
hi hei, terve 10
high korkea 85, 90, 141
high season sesonkiaika 150
highlights raidat 30
hill mäki 85
hire vuokraus 20, 74
hire, to vuokrata 19, 20, 74, 90, 91, 119,
  155; palkata 80
his hänen 161
history historia 83
hitchhike, to liftata 74
hold on! *(phone)* hetkinen 136
hole reikä 30
holiday lomapäivä, loma 152
holidays loma 16; lomapäivä 152
home koti 96
home address kotiosoite 31
home town kotikaupunki 26
home-made kotitekoinen 39
honey hunaja 40
hope, to toivoa 96

horseback riding ratsastus 89
hospital sairaala 98, 142, 144
hot *(warm)* kuuma 14, 24, 25, 40, 94,
  155
hot water kuuma vesi 24, 28
hot-water bottle kuumavesipullo 28
hotel hotelli 19, 21, 22, 26, 80, 96, 102
hotel directory/guide hotelliopas 19
hotel reservation hotellin varaus 19
hour tunti 80, 143, 153
house talo 83, 85
household article taloustarvike 119
how kuinka 11
how far kuinka kaukana 11, 76, 84
how long *(time)* kuinka kauan 11, 25
how many kuinka monta 11
how much kuinka paljon 11; paljonko
  24, 80
hundred sata 148
hungry nälkäinen 13, 35
hunting metsästys 90
hurry, to be in a on kiire 21
hurt *(to be)* loukata 139
hurt, to koskee 139, 140, 142; särkee
  145
husband aviomies 93
hydrofoil kantosiipialus 74

I
I minä 161
ice jää 95
ice cream jäätelö 54
ice cube jääkuutio 28
ice pack jääpussi 106
iced tea jäätee 60
if jos 143
ill sairas 140
illness tauti 140
important tärkeä 13
imported maahantuotu 112
impressive vaikuttava 83
in sisässä, sisällä 15
include, to sisällyttää 24, 31, 32, 80
included sisältyy 20, 61; 31, 32, 80
indigestion ruoansulatushäiriö 141
indoor sisä 90
inexpensive edullinen 35; huokea 124
infected tulehtunut 140
infection tulehdus 141
inflammation tulehdus 142
inflation inflaatio 131
inflation rate inflaatiotaso 131
influenza influenssa 142

information neuvonta 67, 155
injection ruiske 142, 143, 144
injure, to loukata 139
injured loukkaantunut 79, 139
injury vamma 139
ink muste 105
inquiry tiedustelu 67
insect bite hyönteisen pistos 108, 139
insect repellent hyttysöljy 108
insect spray hyönteissuihke 106
inside sisässä, sisälle 15
instead of asemasta 37
insurance vakuutus 20, 144
insurance company vakuutusyhtiö 79
interest *(finance)* korko 131
interested, to be olla kiinnostunut 83, 96
interesting mielenkiintoinen 83
international kansainvälinen 133, 134
interpreter tulkki 131
intersection risteys 77
introduce, to esitellä 92
introduction *(social)* esittely 92
investment investointi 131
invitation kutsu 95
invite, to kutsua 94
invoice lasku 131
iodine jodi 108
Ireland Irlanti 146
Irish irlantilainen 93
iron *(for laundry)* silitysrauta 118
iron, to silittää 29
ironmonger's rautakauppa 98
Italy Italia 146
ivory norsunluu 122

J
jacket (lyhyt) takki, pusakka 115
jade jade 122
jam *(preserves)* hillo 40
jam, to juuttua kiinni 29, 125
January tammikuu 150
jar *(container)* purkki 119
jaundice keltatauti 142
jaw leuka 138
jazz jatsi 128
jeans farmarihousut 115
jersey villatakki 115
jewel box korulipas 121
jeweller's kultaseppä 98, 121
joint nivel 138
journey matka 71
juice mehu 37, 40, 59

July heinäkuu 150
jumper villapusero 115
June kesäkuu 150
just *(only)* vain 16, 37, 100

K
keep, to pitää 62
kerosene valopetroli 106
key avain 27
kidney munuainen 138
kilo(gram) kilo 119
kilometre kilometri 20, 78
kind ystävällinen 95
kind of, what *(type)* minkä lajin 85; millainen 140
knee polvi 138
kneesocks polvisukat 115
knife veitsi 36, 60, 120
knock, to koputtaa 155
know, to tietää 16, 25, 96; tuntea 113

L
label nimilappu 105
lace pitsi 113
lady nainen 155
lake järvi 81, 85, 90
lamb *(meat)* lammas 46
lamp lamppu 29, 106, 118
lamprey nahkiainen 44
lane *(traffic)* kaista 79
language kieli 104
lantern lyhty 106
large suuri 20, 130; suurta kokoa 101
last viimeinen 14, 68, 73; viime 149, 151
last name sukunimi 26
late myöhäinen 14
late, to be olla myöhässä 153
later myöhemmin 135
Latvia Latvia 146
laugh, to nauraa 95
launderette itsepalvelupesula 98
laundry *(clothes)* pesula 29
laundry *(place)* pesula 29, 98
laundry service pyykkipalvelu 24
laxative ulostuslääke 108
lead *(theatre)* pääosa 86
leap year karkausvuosi 149
leather nahka 113, 117
leave, to lähteä 31; 68, 95
leave, to *(deposit)* jättää (talteen) 26

leave, to *(leave behind)* jättää 20, 70
leeks purjo(sipuli) 49
left vasen 21, 68, 77
left-luggage office matkatavaran säilytys 67, 70
leg sääri 138
lemon sitruuna 37, 40, 53, 59
lemonade limonaadi 59
lens *(camera)* objektiivi 125
lens *(glasses)* linssi 123
lentils linssit 49
less vähemmän 14
lesson (oppi)tunti 90
let, to *(hire out)* antaa vuokralle 155
letter kirje 132
letter box postilaatikko 132
letter of credit remburssi 130
lettuce lehtisalaatti 49
library kirjasto 81, 99
licence *(driving)* ajokortti 20, 79
lie down, to käydä makuulle 142
life belt pelastusliivi 74
life boat pelastusvene 74
life guard *(beach)* hengenpelastaja 90
lift *(elevator)* hissi 28, 100
light valo 28, 124
light *(weight)* kevyt 14, 55, 101
light *(colour)* vaalea 101, 112
light *(for cigarette)* tuli 95
light meter valotusmittari 125
lighter sytytin 126
lighter fluid/gas sytytinbensiini, sytytinkaasu 126
lightning salama 94
like kuten 111
like, to haluta 13, 20, 23, 112; pitää 61
like, to *(please)* pitää 25, 102; on mukavaa 92
linen *(cloth)* pellava 113
lip huuli 138
lipsalve huulirasva 109
lipstick huulipuna 109
liqueur likööri 58
listen, to kuunnella 128
Lithuania Liettua 146
litre litra 75, 119
little *(a little)* vähän 14
live, to elää 83
liver maksa 138
lobster hummeri 42
local paikallinen 36
long pitkä 115
long-sighted kaukonäköinen 123
look for, to hakea 13
look out! varokaa! 156

look, to katsella 100; katsoa 123, 139
loose *(clothes)* väljä 114
lose, to hukata 123; kadottaa 156
loss tappio 131
lost eksynyt 13
lost and found office/lost property office löytötavaratoimisto 67, 156
lot *(a lot)* paljon 14
lotion neste, vesi 109
loud *(voice)* kova 135
love to, to mielellään 95
lovely ihana 94
low matala 141
low season hiljainen kausi 150
lower ala(vuode) 69, 70
luck onni 135, 152
luggage matkatavarat 17, 18, 21, 26, 31, 71
luggage locker säilytyslokero 18, 67, 70
luggage trolley (työntö)kärry 18, 70
lump *(bump)* kyhmy 139
lunch lounas 34, 80, 95
lung keuhko 138

M

machine *(washable)* konepestävä 113
mackerel makrilli 44
magazine aikakauslehti 105
magnificent komea 84
maid siivooja 27
mail posti 28, 133
mail, to postittaa 28
mailbox postilaatikko 132
main tärkein 100
make up, to *(prepare)* sijata 29; laittaa kuntoon 70
make, to ottaa 131; tehdä 162
make-up meikki 109
make-up remover pad meikinpoistovanu 109
mallet nuija 106
man mies 156
manager johtaja 27
manicure käsien hoito 30
many monta 15
map kartta 76, 105
March maaliskuu 150
marinated marinoitu 45
marjoram meirami 51
market (kauppa)tori 81, 99
marmalade marmelaadi 40

married naimisissa 93
mass *(church)* messu 84
match *(matchstick)* tulitikku 106, 120, 126
match *(sport)* ottelu 89
match, to *(colour)* sopia yhteen 111
matinée varhaisnäytäntö 87
matt *(finish)* mattapintainen 125
mattress patja 106
May toukokuu 150
may *(can)* saada 12
meadow niitty 85
meal ateria 24, 34, 143
mean, to tarkoittaa 11, 26
means väline 74
measles tuhkarokko 142
measure, to mitata 113
meat liha 37, 46, 47, 60
meatball lihapyörykkä 46
mechanic korjaaja 78
mechanical pencil lyijytäytekynä 105, 121
medical certificate lääkärintodistus 144
medicine lääketiede 83
medicine *(drug)* lääke 143
medium *(meat)* keski-kypsä 47
medium-sized keskikokoinen 20
meet, to tavata 96
melon melooni 52
memorial muistomerkki 81
mend, to korjata 75
mend, to *(clothes)* korjata 29
menthol *(cigarettes)* mentholi 126
menu ruokalista 36, 38, 39
merry iloinen 152
message viesti 28, 136
metre metri 111
mezzanine *(theatre)* parveke 87
middle keski(vuode) 69; puoliväli 150
midnight keskiyö 153
mild *(light)* mieto 126
mileage kilometrimäärä 20
milk maito 40, 60, 64
milkshake pirtelö 59
million miljoona 148
mineral water mineraalivesi 59
minister *(religion)* pappi 84
mint minttu 51
minute minuutti 21, 68, 153
mirror peili 114, 123
miscellaneous sekalaista 127
Miss neiti 10
miss, to puuttua 18, 29; uupua 60
mistake virhe 31, 61, 102; erehdys 60

moccasin mokkasiini 117
modified American plan puolihoito 24
moisturizing cream kosteusvoide 109
monastery munkkiluostari 81
Monday maanantai 151
money raha 18, 130, 156
money order maksumääräys 133
month kuukausi 16, 150
monument monumentti 81
moon kuu 94
moped mopo 74
more enemmän 12, 14; lisää 15, 37
morning, in the aamulla 143, 151, 153
mortgage kiinnitys 131
mosque moskeija 84
mosquito net hyttysverkko 106
motel motelli 22
mother äiti 93
motorbike moottoripyörä 74
motorboat moottorivene 91
motorway moottoritie 76
mountain vuori 85
mountaineering vuoristokiipeily 89
moustache viikset 31
mouth suu 138, 142
mouthwash suuvesi 108
move, to liikuttaa 139
movie elokuva 86
movies elokuva 86, 96
Mr. herra 10
Mrs. rouva 10
much paljon 11, 14
mug muki 120
muscle lihas 138
museum museo 81
mushroom sieni 49
music musiikki 83, 128
musical musikaali 86
mussel sinisimpukka 44
must *(have to)* täytyä 31, 60, 95, 142
my minun 161
myself *(minä)* itse 119

N

nail *(human)* kynsi 109
nail brush kynsiharja 109
nail clippers kynsileikkuri 109
nail file kynsiviila 109
nail polish kynsilakka 109
nail polish remover kynsilakanpoistoaine 109
nail scissors kynsisakset 109
name nimi 23, 26, 79, 92, 131, 136

napkin lautasliina 36, 120
nappy vaippa 110
narrow kapea 117
nationality kansallisuus 26, 93
natural luonnon 83
natural history luonnonhistoria 83
nauseous pahoinvointi, kuvotus 140
near lähellä, lähelle 14, 15
nearby lähellä 32, 77
nearest lähin 75, 78, 98
neat *(drink)* sekoittamaton 58
neck niska 30; kaula (ja niska) 138
necklace kaulakoru 121
need, to tarvita 29, 90, 137
needle neula 28
negative negatiivi 124, 125
nephew veljen/sisaren poika 93
nerve hermo 138
Netherlands Hollanti 146
never ei koskaan 15
new uusi 14
New Year uusi vuosi 152
New Zealand Uusi-Seelanti 146
newsagent's lehtimyymälä 99
newspaper sanomalehti 104, 105
newsstand lehtimyymälä 19, 67;
   lehtikioski 99, 104
next seuraava 14, 65, 68, 73, 76, 151;
   ensi 149, 151
next time ensi kerralla 95
next to vieressä 15, 77
nice *(beautiful)* kaunis 94
niece veljen/sisaren tytär 93
night yö 10, 25, 151
night cream yövoide 109
night, at yöllä 151
nightclub yökerho 88
nightdress/-gown yöpaita 115
nine yhdeksän 147
nineteen yhdeksäntoista 147
ninety yhdeksänkymmentä 148
ninth yhdeksäs 149
no ei 10
noisy meluisa 26
nonalcoholic alkoholiton 59
none ei yhtään 15
nonsmoker ei-tupakoijille 36;
   tupakointi kielletty 69
noon puolipäivä 31; keskipäivä 153
normal normaali 30
north pohjoinen 77
North America Pohjois-Amerikka 146
Norway Norja 146
nose nenä 138
nose drops nenätipat 108

nosebleed verenvuoto nenästä 141
not ei 15
note *(banknote)* seteli 130
note paper kirjoituspaperi 105
notebook muistikirja 105
nothing ei mitään 15, 17
notice *(sign)* varoitus 155
notify, to ilmoittaa 144
November marraskuu 150
now nyt 15
number numero 26, 65, 135, 136, 147
nurse hoitaja 144
nutmeg muskotti 51

O

occupation *(profession)* ammatti 26
occupied varattu 14, 155
October lokakuu 150
office myymälä 19; myynti 67;
   toimisto 80, 99, 132, 156
oil öljy 37, 75, 110
oily *(greasy)* rasvainen 30, 110
old vanha 14
old town vanha kaupunki 81
on päällä, päälle 15
on foot jalan 76
on time aikataulussa 68
once kerran 149
one yksi 147
one-way *(traffic)* yksisuuntainen 77
one-way ticket menolippu 65, 69
onion sipuli 49
only vain 15, 25, 80, 87, 108
onyx onyks 122
open avoin 14; auki 82, 142; avoinna
   155
open, to aueta *itr* 11, 107, 132; avata *tr*
   17, 130
open-air ulko 90
opera ooppera 88
opera house oopperatalo 81, 88
operation leikkaus 144
operator keskus 134
operetta operetti 88
opposite vastapäätä 77
optician optikko 99, 123
or tai 15
orange appelsiini 52, 64
orange *(colour)* oranssi 112
orange juice appelsiinimehu 40, 59
orangeade appelsiinilimonaadi 59
orchestra orkesteri 88
orchestra *(seats)* etupermanto 87

order *(goods, meal)* tilaus 102
order, to *(goods, meal)* tilata 60, 102, 103
oregano oregano 51
ornithology lintutiede 83
other muu 74, 101
our meidän 161
out of order epäkunnossa 136, 155
out of stock ei varastossa 103
outlet *(electric)* (sähkö)pistorasia 27
outside ulkona, ulos 15; ulkoa 36
oval soikea 101
overalls haalarit 115
overdone *(meat)* ylikypsä 60
overheat, to *(engine)* ylikuumeta 78
owe, to olla velkaa 144
oyster osteri 44

P
pacifier *(baby's)* tutti 110
packet rasia 126
pail ämpäri 128
pain kipu 140, 141; tuska 144
painkiller särkylääke 140, 144
paint maali 155
paint, to maalata 83
paintbox vesivärirasia 105
painter taidemaalari 83
painting maalaus 83
pair pari 115, 117, 149
pajamas pyjama 115
palace palatsi 81
palpitations sydämen tykytys 141
panties pikkuhousut 115
pants *(trousers)* housut 115
panty girdle housuliivit 115
panty hose sukkahousut 115
paper paperi 105
paper napkin paperilautasliina 105, 120
paperback taskukirja 105
paperclip liitin 105
paraffin *(fuel)* valopetroli 106
parcel paketti 132, 133
pardon, I beg your (pyydän) anteeksi 11
parents vanhemmat 93
park puisto 81
park, to pysäköidä 26, 77
parka sadepusakka 115
parking pysäköinti 77, 79
parking disc pysäköintikiekko 77
parking meter pysäköintimittari 77
parliament building eduskuntatalo 81

parsley persilja 51
part osa 138
partridge peltopyy 48
party *(social gathering)* kutsut 95
pass *(mountain)* sola 85
pass through, to kulkea läpi 16
passport passi 16, 17, 25, 26, 156
passport photo passikuva 124
paste *(glue)* liima 105
pastry shop konditoria 99
patch, to *(clothes)* paikata 29
path polku 85
patient potilas 144
pattern kuviointi 112
pay, to maksaa 17, 31, 62, 100, 102, 136
payment maksu 102, 131
pea herne 49
peach persikka 53
peak huippu 85
peanut maapähkinä 52
pear päärynä 53
pearl helmi 122
pedestrian jalankulkija 155
peg *(tent)* telttapuikko 106
pen kynä 105
pencil lyijykynä 105
pencil sharpener kynänteroitin 105
pendant riipus 121
penicillin penisilliini 143
penknife kynäveitsi 120
pensioner eläkeläinen 82
people ihmiset 92
pepper pippuri 37, 40, 51, 64
per cent prosentti 149
per day päivältä 20, 32, 89
per hour tunnilta 77, 89
per night yöltä 24
per person hengeltä 32
per week viikolta 20, 24
percentage prosentti 131
perch ahven 44
perform, to *(theatre)* esittää 86
perfume hajuvesi 109
perhaps ehkä 15
period *(monthly)* kuukautiset 141
period pains kuukautiskivut 141
perm(anent) permanentti 30
permit lupa 90
person henki(lö) 32
personal henkilökohtainen 17, 130
personal call/person-to-person call henkilöpuhelu 134
personal cheque henkilökohtainen shekki 130

petrol bensiini, bensa 75, 78
pewter tina 122
pharmacy apteekki 107
pheasant fasaani 48
photo valokuva 82, 124, 125
photocopy valokopio 131
photograph, to valokuvata 82
photographer valokuvaamo 99
photography valokuvaus 124
phrase sanonta 12
pick up, to *(person)* hakea 80, 96
picnic piknik 62
picnic basket eväskori 106
picture *(painting)* taulu 83
picture *(photo)* (valo)kuva 82
piece kappale 18; pala 63, 119
pike hauki 44
pill pilleri 141; tabletti 143
pillow tyyny 27
pin neula 109, 110, 121
pineapple ananas 52
pink vaaleanpunainen 112
pipe piippu 126
pipe cleaner piipun puhdistin 126
pipe tobacco piipputupakka 126
pipe tool piippukalu 126
place paikka 26, 76
place of birth syntymäpaikka 26
place, to *(call)* tilata 134
plaice punakampela 44
plain *(colour)* yksivärinen 112
plane lento(kone) 65
planetarium planetaario 81
plaster kipsi 140
plastic muovi 120
plastic bag muovikassi 120
plate lautanen 36, 60 120
platform *(station)* laituri 67, 68, 69
platinum platina 122
play *(theatre)* näytelmä 86
play, to esittää 86; soittaa 88; pelata 89, 93
playground leikkikenttä 32
playing card pelikortti 105
please olkaa hyvä 10
plimsolls kumitossu 117
plug *(electric)* pistoke 29, 118
plum luumu 52
pneumonia keuhkokuume 142
poached keitetty 45
pocket tasku 116
pocket calculator taskulaskin 105
pocket watch taskukello 121
point of interest *(sight)* nähtävyys 80
point, to osoittaa 12

poison myrkky 108, 156
poisoning myrkytys 142
pole *(ski)* sauva 91
pole *(tent)* telttaseiväs 106
police poliisi 78, 79, 156
police station poliisiasema 99, 156
pond lampi 85
poplin popliini 113
pork porsaanliha 46
port *(harbour)* satama 73
portable kannettava 118
porter kantaja 18, 26, 70
portion annos 37, 54, 60
Portugal Portugali 146
possible, (as soon as) mahdollista, (niin pian kuin) 137
post *(mail)* posti 28, 133
post office posti(toimisto) 19, 99, 132
post, to postittaa 28
postage kirjemaksu 132
postage stamp postimerkki 28, 126, 132, 133
postcard postikortti 105, 126; 132
poste restante poste restante 133
pottery savenvalanta 83
poultry lintu 48
pound punta 18, 102, 130
powder puuteri 109
powder compact puuterirasia 122
powder puff puuterihuisku 109
prawn katkarapu 44
pregnant raskaana 141
premium *(gasoline)* korkeaoktaaninen 75
prescribe, to kirjoittaa resepti 143
prescription resepti 107; lääkemääräys 143
press stud painonappi 116
press, to *(iron)* prässätä 29
pressure paine 75, 141
pretty sievä 84
price hinta 24
priest (katolinen) pappi 84
print *(photo)* kuva 125
private oma 24; yksityinen 80, 155
processing *(photo)* kehitys 125
profession ammatti 26
profit voitto 131
programme ohjelma 87
pronounce, to ääntää 12
pronunciation ääntäminen 6
propelling pencil lyijytäytekynä 105, 121
Protestant protestanttinen 84
provide, to järjestää, hankkia 131

prune kuivattu luumu 52
public holiday yleinen vapaapäivä 152
pull, to vetää 155
pull, to *(tooth)* vetää pois 145
pullover villapaita 115
pump pumppu 106
purchase osto 131
pure täyttä (puhdasta) 113
purple sinipunainen 112
push, to työntää 155
put, to tuoda 24
pyjamas pyjama 116

Q

quality laatu 103, 112
quantity määrä 14
quarter of an hour neljännestunti 153
quartz kvartsi 122
question kysymys 11
quick(ly) nopea(sti) 14, 79, 137, 156
quiet hiljainen 24; rauhallinen 25

R

rabbi rabbi 84
race kilpailu 89
race course (track) kilparata 89
racket *(sport)* maila 90
radiator *(car)* jäähdyttäjä 78
radio radio 23, 28, 118
radish retiisi 49
railway station rautatieasema 19, 21, 66, 69
rain sade 94
rain, to sataa 94
raincoat sadetakki 117
raisin rusina 53
rangefinder etäisyysmittari 125
rare *(meat)* raaka 47, 61
rash ihottuma 139
raspberry vadelma 52
rate *(inflation)* taso 131
rate *(of exchange)* vaihtokurssi 18, 130
rate *(price)* hinta 20
razor partakone 109
razor blades partakoneen terä 109
read, to lukea 39
reading lamp lukulamppu 28
ready valmis 30, 117, 123, 125, 145
real *(genuine)* aito 117, 121
rear takana 69; 75

receipt kuitti 103, 144
reception vastaanotto 23
receptionist vastaanotto 27
recommend, to suositella 35, 36, 80, 86, 88, 137, 145
record *(disc)* levy 127, 128
record player levysoitin 118
recorder nauhuri 118
rectangular suorakulmainen 101
red punainen 105, 112
red *(wine)* puna 57
reduction alennus 24, 82
refill *(pen)* säiliö 105
refund *(to get a)* maksun palautus 103
regards terveiset 152
region alue 92
register, to *(luggage)* lähettää matkatavara 71
registered mail kirjattu lähetys 132
registration kirjoittautuminen 26
registration form matkustajakortti 26
regular *(petrol)* matalaoktaaninen 75
religion uskonto 83
religious service jumalanpalvelus 84
rent, to vuokrata 19, 20, 74, 90, 91, 119, 155
rental vuokraus 20, 74
repair korjata 125
repair, to korjata 29, 117, 118, 121, 123, 125, 145
repeat, to toistaa 12
report, to *(a theft)* tehdä ilmoitus 156
required vaaditaan 88
requirement tarve 27
reservation varaus 19, 23, 65, 69
reservations office paikanvaraus 67
reserve, to varata 19, 23, 35, 69, 87
reserved varattu 155
rest loput 130
restaurant ravintola 19, 32, 33, 35, 67
return ticket menopaluu 65, 69
return, to *(come back)* palata 21, 80
return, to *(give back)* palauttaa 103
rheumatism reumatismi 141
rib kylkiluu 138
ribbon värinauha 105
right *(correct)* oikea 14
right *(direction)* oikea 21, 68, 77
ring *(jewellery)* sormus 122
ring, to *(doorbell)* soittaa 155
river joki 85, 90
river cruise jokiristeily 74
road tie 76, 77, 85
road assistance tiepalvelu 78
road map tiekartta 105

road sign liikennemerkki 79
roasted paahdettu 47
roll sämpylä 40, 64
roll film filmirulla 124
roller skate rullaluistin 128
room huone 19, 23, 24, 25, 27, 28, 155
room (space) tila 32
room number huonenumero 26
room service huonepalvelu 24
rope köysi 106
rosary rukousnauha 122
rosemary rosmariini 51
rouge poskipuna 109
round pyöreä 101
round (golf) kierros 89
round up, to pyöristää 62
round-neck pyöreä kaula-aukko 115
round-trip ticket menopaluu 65, 69
route reitti 85
rowing boat soutuvene 90
royal kuninkaan 81
rubber (eraser) pyyhekumi 105
rubber (material) kumi 117
ruby rubiini 122
rucksack reppu 106
ruin raunio 81
ruler (for measuring) viivotin 105
rum rommi 58
running water juokseva vesi 24
Russia Venäjä 146

S
safe tallelokero 26
safe (free from danger) turvallinen 90
safety pin hakaneula 109
saffron sahrami 51
sage salvia 51
sailing purjehdus 89
sailing boat purjehdusvene 90
salad salaatti 42
sale myynti 131
sale (bargains) alennusmyynti, ale 100
salmon lohi 44
salt suola 37, 40, 64
salty suolainen 61
same sama(nlainen) 117
sand hiekka 90
sandal sandaali 117
sandwich voileipä 63
sanitary napkin/towel terveysside 108
sapphire safiiri 122
sardine sardiini 44
satin satiini 113

Saturday lauantai 151
sauce kastike 51
saucepan kattila 120
saucer teevati, kahvilautanen 120
sausage makkara 46, 64
scarf huivi 116
scarlet helakanpunainen 112
scenery maisema 92
scenic route kaunis reitti 85
school koulu 79
scissors sakset 120
scooter skooteri 74
Scotland Skotlanti 146
scrambled eggs munakokkeli 40
screwdriver ruuvimeisseli 120
sculptor kuvanveistäjä 83
sculpture kuvanveisto(taide) 83
sea meri 85, 90
seafood äyriäiset 44
season vuodenaika 150
seasoning mauste 37
seat paikka 65, 69; 70, 87
seat belt turvavyö 75
second toinen 149
second (time) sekuntti 153
second class toinen luokka 69
second hand sekunttiviisari 122
second-hand shop osto- ja myyntiliike 99
secretary sihteeri 27, 131
section osasto 104
see, to katsoa 12, 121; nähdä 25, 26, 87, 89, 96
self-service shop itsepalvelumyymälä 32
sell, to myydä 100
send, to lähettää 78, 102, 103, 132, 133
sentence lause 12
separately kukin erikseen 61
September syyskuu 150
seriously vakavasti 139
service palvelupalkkio 24; tarjoilupalkkio 62; palvelu 98, 100
service (church) jumalanpalvelus 84
serviette lautasliina 36
set (hair) kampaus 30
set menu vakiolista 36
setting lotion kampausneste 30, 110
seven seitsemän 147
seventeen seitsemäntoista 147
seventh seitsemäs 149
seventy seitsemänkymmentä 148
sew, to ommella 29
shade (colour) sävy 111
shampoo shampoo 30, 110

DICTIONARY

shampoo and set pesu ja kampaus 30
shape muoto 103
share *(finance)* osake 131
sharp *(pain)* pistävä 140
shave parranajo 31
shaver parranajokone 27, 118
shaving brush partasuti 109
shaving cream partavaahdoke 109
she hän 161
shelf hylly 119
ship laiva 74
shirt paita 116
shiver puistatus 140
shoe kenkä 117
shoe polish kengänkiilloke 117
shoe shop kenkäkauppa 99
shoelace kengännauha 117
shoemaker's suutari 99
shop myymälä, kauppa, liike 98
shop window näyteikkuna 100
shopping ostos 97
shopping area ostosalue 81, 100
shopping centre ostoskeskus 99
short lyhyt 30, 114
short-sighted likinäköinen 123
shorts shortsit 116
shoulder olkapää, hartiat 138
shovel lapio 128
show näytös 87; ohjelma 88
show, to näyttää 12, 13, 76, 100, 101, 103, 118, 124
shower suihku 23, 32
shrimp katkarapu 44
shrink, to kutistua 113
shut suljettu 14
shutter *(camera)* suljin 125
shutter *(window)* ikkunaluukku 29
sick *(ill)* sairas 140
sickness *(illness)* sairaus 140
side sivu 31
sideboards/-burns pulisongit 31
sight nähtävyys 80
sightseeing kiertoajelu 80
sightseeing tour nähtävyyskierros 80
sign *(notice)* viitta 77; merkki 77, 79; kyltti 155
sign, to allekirjoittaa 26, 131
signature allekirjoitus 26
signet ring sinettisormus 122
silk silkki 113
silver hopea 121, 122
silver *(colour)* hopeanvärinen 112
silver plated hopeoitu 122
silverware hopeaesineitä 122
simple yksinkertainen 124

since alkaen 15; -sta asti 151
sing, to laulaa 88
single *(ticket)* menolippu 65, 69
single *(unmarried)* naimaton 93
single cabin yhden hengen hytti 74
single room yhden hengen huone 19, 23
sister sisko 93
sit down, to istuutua 95
six kuusi 147
sixteen kuusitoista 147
sixth kuudes 149
sixty kuusikymmentä 147
size koko 113, 117, 124
skate luistin 91
skating rink luistinrata 91
ski suksi 91
ski boot hiihtokengät 91
ski lift hiihtohissi 91
ski run latu 91
ski, to hiihtää 91
skiing hiihto 89, 91
skiing equipment hiihtovarusteet 91, 106
skiing lessons hiihtotunti 91
skin iho 138
skin-diving sukellus 91
skin-diving equipment sukellusvarusteet 90, 106
skirt hame 116
sky taivas 94
sleep, to nukkua 144
sleeping bag makuupussi 106
sleeping car makuuvaunu 68, 69, 70
sleeping pill unitabletti 108, 143
sleeve hiha 116, 142
sleeveless hihaton 116
slice siivu 119
slide *(photo)* dia 124
slip *(underwear)* alushame 116
slipper tohveli 117
slow hidas 14
slowly, more hitaammin 21, 135
small pieni 14, 20, 25, 101, 117, 130
smoke, to polttaa 95
smoked savustettu 45
smoker tupakoitsija 69
snack välipala 62
snack bar pikabaari 67
snap fastener painonappi 116
sneaker kumitossu 117
snorkel snorkkeli 128
snow lumi 94
snow, to sataa lunta 94
snuff nuuska 126

Sanakirja

DICTIONARY

Sanakirja

soap saippua 28, 110
soccer jalkapallo 89
sock (nilkka)sukka 116
socket (electric) (sähkö)pistorasia 27
soft pehmeä 123
soft drink (alkoholiton) juoma 64
soft-boiled (egg) pehmeäksi keitetty 40
sold out loppuunmyyty 87
sole (fish) meriantura 44
sole (shoe) pohja 117
soloist solisti 88
some hieman 14
someone joku 96
something jotain 30, 36, 107, 111, 112, 139
somewhere jossain 87
son poika 93
song laulu 128
soon pian 15
sore (painful) arka 145
sore throat kurkkukipu 141
sorry anteeksi 11, 16; valitettavasti 87, 103
sort (kind) laatu 119
soup keitto 42
south etelä 77
South Africa Etelä-Afrikka 146
South America Etelä-Amerikka 146
souvenir muistoesine 127
souvenir shop matkamuistmyymälä 99
spade lapio 128
Spain Espanja 146
spare tyre vararengas 75
spark(ing) plug sytytystulppa 76
sparkling (wine) kuohu 57
speak, to puhua 11, 12, 16, 84; tavata (puhutella) 135
speaker (loudspeaker) kaiutin 118
special erikois 20; 37
special delivery pikajakelu 132
specialist erikoislääkäri 142
speciality erikoisuus 39
specimen (medical) näyte 142
spectacle case simälasikotelo 123
speed nopeus 79
spell, to tavata 12
spend, to kuluttaa 101
spice mauste 51
spinach pinaatti 49
spine selkäranka 138
sponge pesusieni 110
spoon lusikka 36, 60, 120
sport urheilu 89

sporting goods shop urheiluvälinekauppa 99
sports jacket urheilupusero 116
sprained nyrjähtänyt 140
spring (season) kevät 150
spring (water) lähde 85
square neliskulmainen 101
square (town) tori 81
stadium stadion 81
staff (personnel) henkilökunta 27
stain tahra 29
stainless steel ruostumaton teräs 120
stalls (theatre) etupermanto 87
stamp (postage) postimerkki 28, 126, 132, 133
staple niitti 105
star tähti 94
start, to alkaa 80, 86; (car) käynnistyä 78
starter (meal) alkuruoka 41
station (railway) (rautatie)asema 19, 21, 66, 69
station (underground/subway) asema 71
stationer's paperikauppa 99, 104
statue patsas 81
stay oleskelu 31, 92
stay, to viipyä 16, 25, 26; pysyä 142
stay, to (reside) asua 94
steak pihvi 46
steal, to varastaa 156
steamed höyryssä keitetty 45
stewed muhennettu 47
stiff neck niska jäykkänä 141
still (mineral water) hiilihapoton 59
sting pistos 139
sting, to pistää 139
stitch, to ommella 29; 117
stock exchange pörssi 81
stocking (naisten) sukka 116
stomach maha, vatsa 138
stomach ache vatsakipu 141
stools uloste 142
stop (bus) pysäkki 72, 73
stop thief! varas kiinni! 156
stop! seis! 156
stop, to pysähtyä itr 21, 68; seisoa 70; pysäyttää tr 156
store (shop) myymälä, kauppa, liike 98
straight (drink) sekoittamaton 58
straight ahead suoraan eteenpäin 21, 77
strange outo 84
strawberry mansikka 52
street katu 26, 77

street map kaupungin kartta 19, 105
streetcar raitiovaunu 72
string naru 105
strong väkevä 126; vahva 143
student opiskelija 82, 93
study, to opiskella 93
sturdy tanakka 101
sturgeon sampi 44
subway *(railway)* metro 71
suede mokka 113, 117
sugar sokeri 37, 64
suit *(man's)* puku 116
suit *(woman's)* kävelypuku, jakkupuku 116
suitcase matkalaukku 18
summer kesä 150
sun aurinko 94
sun-tan cream aurinkovoide 110
sun-tan oil aurinköljy 110
sunburn auringon polttama iho 107
Sunday sunnuntai 151
sunglasses aurinkolasit 123
sunshade *(beach)* aurinkovarjo 90
sunstroke auringonpisto 141
super *(petrol)* korkeaoktaaninen 75
superb loistava 84
supermarket valintamyymälä 99
suppository peräpuikko 108
surgery *(consulting room)* vastaanotto (huone) 137
surname sukunimi 26
suspenders *(Am.)* henkselit 116
swallow, to niellä 143
sweater neulepusero, villapaita 116
sweatshirt college-paita 116
Sweden Ruotsi 146
sweet makea 57, 61
sweet *(confectionery)* makeinen 126
sweet corn maissi 49
sweet shop makeiskauppa 99
sweetener makeutusaine 37
swell, to turvota 139
swelling turvotus 139
swim, to uida 90
swimming uinti 89, 91
swimming pool uimaallas 32, 90
swimming trunks uimahousut 116
swimsuit uimapuku 116
switch *(electric)* katkaisija 29
switchboard operator keskus 27
Switzerland Sveitsi 146
swollen turvoksissa 139
synagogue synagooga 84
synthetic tekokuitu 113

T
T-shirt T-paita 116
table pöytä 36, 106
tablet *(medical)* tabletti 108
tailor's räätäli 99
take away, to ottaa mukaan 62, 102
take to, to viedä 21, 66
take, to ottaa 18, 25, 102, 143; päästä 72, 73
taken *(occupied)* varattu 69
talcum powder talkki 110
tampon tamponi 108
tangerine mandariini 53
tap *(water)* vesihana 28
tape recorder magnetofoni, nauhuri 118
tarragon rakuna 51
tax vero 32, 102
taxi taksi 19, 21, 31, 67
taxi rank/stand taksiasema 21
tea tee 40, 60, 64
team joukkue 89
teaspoon teelusikka 120, 143
telegram sähke 133
telegraph office lennätin 99
telephone puhelin 28, 78, 79, 134
telephone booth puhelinkioski 134
telephone call puhelu 134, 136
telephone directory puhelinluettelo 134
telephone number puhelinnumero 134, 136, 156
telephone, to *(call)* soittaa 134
telephoto lens teleobjektiivi 125
television televisio 24, 28, 118
telex teleksi 133
telex, to lähettää teleksi 130
tell, to sanoa 12, 73, 152; neuvoa 76; kertoa 136
temperature lämpötila 90; kuume 140; lämpö 142
temporary väliaikainen 145
ten kymmenen 147
tendon jänne 138
tennis tennis 89
tennis court tennis-kenttä 89
tennis racket tennis-maila 89
tent teltta 32, 106
tent peg telttapuikko 106
tent pole telttaseiväs 106
tenth kymmenes 149
term *(word)* termi 131
terrace terassi 36
terrifying pelottava 84
tetanus jäykkäkouristus 140

than kuin 14
thank you kiitos 10
thank, to kiittää 10, 96
that tuo 11, 100
theatre teatteri 81, 86
theft varkaus 156
their heidän 161
then sitten 15
there tuolla 14
thermometer lämpömittari 108, 144
they he 161
thief varas 156
thigh reisi 138
thin ohut 113
think, to (believe) taitaa olla 31, 61, 102; luulla 94
third kolmas 149
third, one kolmannes 149
thirsty, to be janoinen 13, 35
thirteen kolmetoista 147
thirty kolmekymmentä 147
this tämä 11, 100
thousand tuhat 148
thread lanka 28
three kolme 147
throat kurkku 138, 141
throat lozenge kurkkutabletti 108
through läpi 15
through train suora (juna)yhteys 67
thumb peukalo 138
thumbtack piirustusnasta 105
thunder ukkonen 94
thunderstorm ukkosmyrsky 94
Thursday torstai 151
thyme tinjami 51
ticket lippu 65, 69, 72, 87, 89
ticket office lipputoimisto 67
tie solmio, kravatti 116
tie clip solmion pidike 122
tie pin solmioneula 122
tight (close-fitting) tiukka 114
tights sukkahousut 116
time aika 68, 80; kello 152
time (occasion) kerta 95, 142, 143
timetable (trains) aikataulu 68
tin (container) tölkki 119
tint hiusväri 110
tinted värjätyt 123
tire rengas 75, 76
tired väsynyt 13
tissue (handkerchief) paperipyyhe 110
tissue paper silkkipaperi 105
to luokse 15
to get (fetch) hankkia 31; hakea 137
to get (go) päästä 100

to get (obtain) saada 90, 107; päästä 134
toast paahtoleipä 40
tobacco tupakka 126
tobacconist's tupakkakauppa 99, 126
today tänään 29, 151
toe varvas 138
toilet paper vessapaperi 110
toilet water eau de toilette 110
toiletry kosmetiikka 109
toilets WC:t 24, 28, 37, 67; vessat 32
tomato tomaatti 49
tomato juice tomaattimehu 59
tomb hauta 81
tomorrow huomenna 29, 96, 151
tongue kieli 138
tonic water tonic-vesi 59
tonight tänä iltana 29, 86, 87, 96
tonsils kitarisat 138
too liikaksi 14
too (also) myös 15
too much liikaksi 14
tools työkalut 120
tooth hammas 145
toothache hammassärky 145
toothbrush hammasharja 110, 118
toothpaste hammastahna 110
top, at the päällä 30; ylhäällä 145
torch (flashlight) taskulamppu 106
torn revähtänyt 140
touch, to koskea 155
tough (meat) sitkeä 60
tour kierros 73, 80
tourist office matkailutoimisto 19, 23, 80
tourist tax matkailijavero 32
tow truck hinausauto 78
towards kohti 15
towel pyyhe 27, 110
towelling (terrycloth) pyyhekangas 113
tower torni 81
town kaupunki 19, 76, 88
town centre kaupungin keskusta 21, 72, 76
town hall kaupungintalo, raatihuone 82
toy leikkikalu 128
toy shop lelukauppa 99
tracksuit verryttelypuku 116
traffic liikenne 79
traffic light liikennevalo 77
trailer asuntovaunu 32
train juna 66, 68, 69, 70, 153
tram raitiovaunu 72

tranquillizer rauhoittava lääke 108, 143
transfer *(finance)* siirto 131
transformer muuntaja 118
translate, to kääntää 12
transport, means of kulkuväline 74
travel agency matkatoimisto 99
travel guide matkaopas 105
travel sickness matkapahoinvointi 107
travel, to matkustaa 93
traveller's cheque matkashekki 18, 60, 102, 130
travelling bag (matka)laukku 18
treatment hoito 143
tree puu 85
tremendous valtava 84
trim, to *(a beard)* siistiä 31
trip matka 71, 94, 152
trolley (työntö)kärry 18, 70
trousers (pitkät) housut 116
trout taimen 44
try on, to sovittaa 114
try, to yrittää 135
tube putkilo 119
Tuesday tiistai 151
tumbler juomalasi 120
tuna tonnikala 44
tunny tonnikala 44
turbot kampela 45
turkey kalkkuna 48
turn, to *(change direction)* kääntyä 21, 77
turnip nauris 49
turquoise *(colour)* turkoosi 112
turquoise *(gem)* turkoosi 122
turtleneck poolo-kaulus 115
tweezers pinsetit 110
twelve kaksitoista 147
twenty kaksikymmentä 147
twice kahdesti 149
twin beds kaksi vuodetta 23
two kaksi 147
typewriter konekirjoittaja 27
typing paper konekirjoituspaperi 105
tyre rengas 75, 76

U
ugly ruma 14, 84
umbrella sateenvarjo 116
umbrella *(beach)* aurinkovarjo 90
uncle setä 93
unconscious tajuton 139
under alla, alle 15

underdone *(meat)* puolikypsä 47, 61
underground *(railway)* metro 71
underpants (miesten) alushousut 116
undershirt aluspaita 116
understand, to ymmärtää 12, 16
undress, to riisua 142
United States USA (Yhdysvallat) 146
university yliopisto 82
unleaded lyijytön 75
until asti 15
up ylhäällä, ylös 15
upper ylä(vuode) 69
upset stomach vatsavaiva 107
upstairs yläkerrassa 15
urgent kiire 13
urine virtsa 142
use käyttö 17, 108
use, to käyttää 78, 134
useful hyödyllinen 15
usually tavallisesti 94, 143

V
V-neck V-aukko 116
vacancy vapaa huone 23
vacant vapaa 14, 155
vacation loma 152
vaccinate, to rokottaa 140
vacuum flask termospullo 120
vaginal infection emätintulehdus 141
valley laakso 85
value arvo 131
value-added tax liikevaihtovero 24, 102
vanilla vanilja 54
VAT *(sales tax)* liikevaihtovero 24, 102
veal vasikanliha 46
vegetable vihannes 49
vegetable store vihanneskauppa 99
vegetarian kasvissyöjä 37
vein suoni 138
velvet sametti 113
velveteen puuvillasametti 113
venereal disease sukupuolitauti 142
venison hirvenliha 48
vermouth vermutti 59
very tosi 15
vest aluspaita 116
vest *(Am.)* (miesten) liivit 116
veterinarian eläinlääkäri 99
video camera videokamera 124
video cassette videokasetti 118, 124, 127
video recorder videonauhuri 118

view *(panorama)* näköala 23, 25
village kylä 76, 85
vinegar viinietikka 37
vineyard viinitarha 85
visit käynti 92
visit, to tulla käymään 95
visiting hours vierailuajat 144
vitamin pill vitamiinipilleri 108
vodka vodka 59
volleyball lentopallo 89
voltage jännite 27, 118
vomit, to oksentaa 140

W

waist vyötärö 142
waistcoat liivi, hihaton (villa)takki 116
wait, to odottaa 21, 96, 107
waiter tarjoilija 26, 36
waiting room odotushuone 67
waitress tarjoilija 27, 36
wake, to herättää 27, 70
Wales Wales 146
walk, to kävellä 74, 85
wall muuri 85
wallet lompakko 156
walnut saksanpähkinä 53
want, to haluta 13, 101, 102
warm lämmin 94
wash, to pestä 29, 113
washable pestävä 113
washbasin pesuallas 29
washing powder pesupulveri 120
washing-up liquid nestemäinen pesuaine 120
watch kello 121, 122
watchmaker's kelloseppä 99, 121
watchstrap kellon hihna 122
water vesi 24, 28, 32, 40, 90; neste 75
water flask kenttäpullo 106
water melon vesimelooni 53
water-skis vesisukset 91
waterfall vesiputous 95
waterproof vedenpitävä 122
wave aalto 90
way tie 76
we me 161
weather sää 94
weather forecast sääennuste 94
wedding ring vihkisormus 122
Wednesday keskiviikko 151
week viikko 16, 20, 25, 80, 92, 151
weekday arkipäivä 152

weekend viikonloppu 20
well hyvin 10, 140
well-done *(meat)* hyvin/kypsäksi paistettu 47
west länsi 77
what mitä 11
wheel pyörä 78
when milloin 11
where missä 11
where from mistä 92, 146
which mikä, kumpi 11
whipped cream kermavaahto 54
whisky viski 17, 58
white valko 57; valkoinen 112
who kuka 11
whole kokonainen 143
why miksi 11
wick sytyttimen sydän 126
wide leveä 117
wide-angle lens laajakulmaobjektiivi 125
wife vaimo 93
wig peruukki 110
wild boar villisika 48
wind tuuli 94
window ikkuna 29, 36, 65, 69, 100, 111
windscreen/shield tuulilasi 76
windsurfer purjelauta 91
wine viini 56, 57, 61
wine list viinilista 56
wine merchant's viinimyymälä, alkoholiliike 99
winter talvi 150
winter sports talviurheilu 91
wiper *(car)* pyyhkijän sulka 76
wish toivotus 152
with kanssa 15
withdraw, to *(from account)* nostaa 130
withdrawal otto 130
without ilman 15
woman nainen 156
wonderful ihana 96
wood metsä 85
wool villa 113
word sana 12, 15, 133
work, to toimia 28, 118
working day työpäivä 152
worse huonompi 14
worsted kampalankaa 113
wound haava 139
wrap up, to panna pakettiin 103
wrapping paper käärepaperi 105
wrinkle-free rypistymätöntä 113
wristwatch rannekello 122

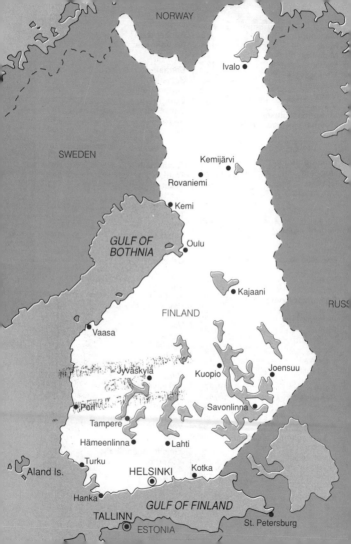